# 끌려가다,
# 버려지다,
# 우리 앞에 서다
# 2

# 끌려가다, 버려지다, 우리 앞에 서다 2

● 사진과 자료로 보는 일본군 '위안부' 피해 여성 이야기

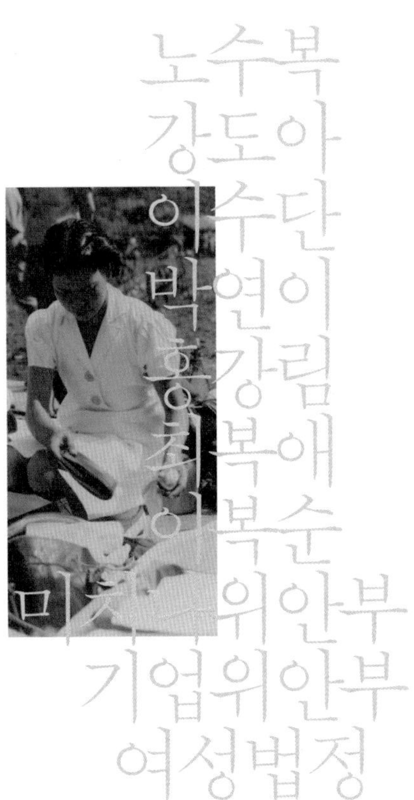

노수복
강도아
이수단
박연이
홍강림
최복애
이복순
기업위안부
여성법정


기획 · 서울시 여성가족정책실
집필 · 서울대 인권센터 정진성 연구팀

푸른역사

# 발간사

안녕하세요. 서울특별시장 박원순입니다.

2000년 12월, 여성을 전시 성노예로 강제동원한 일본의 전쟁범죄 행위를 단죄하기 위해 열린 일본군 성노예 전범 여성국제법정의 남측 대표검사로 참여하였습니다. 당시 "우리나라는 일본군 '위안부'로 동원된 최대 피해국이었고, 식민지 지배가 그 배경이었다"면서 일본군 처벌과 배상을 주장하였고, 재판부는 피고로 기소된 히로히토 일왕과 옛 일본군 간부 등에게 인간의 노예화, 고문, 살인, 인종적 이유 등에 의한 박해 등을 금지하는 '인도에 대한 죄'를 저질렀다고 유죄판결을 내렸습니다.

2000년 여성법정이 열린 지 17년이 지났습니다. 한국정부에 피해자임을 등록하신 분 중 2018년 2월 현재 생존해 계신 '위안부' 피해자는 30인뿐입니다. 하지만 일본군 '위안부' 문제는 아직 해결되지 않았고, 우리는 '위안부' 역사를 올바르게 알릴 책임이 있습니다.

이에 서울시에서는 2년 여에 걸쳐 서울대학교 인권센터 정진성 연구팀과 함께 일본군 위안부 기록물 관리사업을 추진하였습니다. 미국과 태국, 영국에 있는 군 위안부 자료를 새롭게 발굴하여 조선인 '위안부' 영상을 세계 최초로 세상에 알리고, '위안부' 피해자들의 증언과 교차분석을 시도하여 '위안부' 실태에 대한 역사적 사실을 입증하고자 하였습니다.

'기억하지 않는 역사는 되풀이 된다'고 했습니다. 역사를 기억하고, 기록하는 것은 과거로 회귀하려는 것이 아닌 불행한 과거와 같은 현재, 미래를 만들지 않기 위해서입니다. 역사를 잊은 민족에게 미래는 없습니다. 서울시는 일본군 위안부 '역사'를 잊지 않기 위해 노력할 것입니다. 이 책의 집필에 많은 노력을 해 주신 서울대학교 인권센터 정진성 교수 연구팀에 감사드리며, 아무쪼록 '위안부' 이야기가 많은 분들에게 올바른 역사를 바로 세우는 계기가 되기를 바랍니다.

2018년 2월

서울특별시장 박원순

## "끌려가다, 버려지다, 우리 앞에 서다"

70년과 25여 년이다. 식민지와 점령지 여성이 전시 군 '위안부'로 아시아·태평양 지역의 곳곳에 끌려갔고, 버려졌으며, 그 일부가 우여곡절 끝에 생환한 지 70년이 지났다. 오랫동안 숨죽인 채 제 목소리를 내지 못했던 일본군 '위안부' 중, 김학순이 1991년에 처음으로 피해 사실을 증언했다. 지금부터 25여 년 전 일이다.

정조 관념이 지배적이었던 한국사회에서 군 '위안부' 피해자들은 '가문의 수치', '민족의 수치'로 여겨졌다. 그렇게 억압당했던 피해자들이 할머니가 되어 공개 증언에 나설 수 있었던 것은 이제는 그들의 목소리를 들을 수 있는 '우리'가 구성되었기 때문이다. 한국에서 발간된 일본군 '위안부' 피해 여성 증언집의 역사 또한 그러하다.

한·일 시민사회단체가 주축이 되어 개최한 2000년 일본군 성노예 전범 여성국제법정은 피해자들의 증언을 대하는 '우리'의 태도에 중대한 변화를 가져왔다. 피해 여성의 증언을 법적인 증거로 접근하는 동시에 거기에는 "개인으로서의 체험과 역사적 존재로서의 관찰이 복합적으로 기록"되어 있음을 깨닫게 되었다. '우리'는 '묻기'에서 '듣기'로 태도를 전환한 것이다. 2000년대 꽃피운 군 '위안부' 피해 여성 증언 연구는 이러한 문제의식의 산물이다. 그러나 증언(의 재현)에 접근하는 시각과 방법이 풍부해지는 것과 달리, 일본군 '위안부' 제도와 그 역사에 대한 연구의 진척은 더디었다. 그동안의 많은 관심과 노력에도 불구하고 일본군 '위안부'에 대한 자료의 수집과 활용 실태는 미미하다.

서울대 인권센터 정진성 연구팀은 2016년과 2017년, 2년 동안 서울시의 지원을 받아 미국 국립문서기록관리청NARA(National Archives and Records Administration)과 영국의 국립기록청TNA(The National Archives), 일본의 국회도서관 등을 방문하여 일본군 '위안부' 관련 자료들을 수집해왔다. 이렇게 발굴, 수집된 자료들을 생산자와 생산기관 등 자료의 특성에 따라 분류·목록화하고, 이에 대한 해제 역시 진행하였다. 그리고 이를 기존의 증언 자료를 분석하는 데 활용하여 이렇듯 두 권의 책으로 엮었다.

제목에서 드러나듯이, 이 책은 '위안부' 피해 여성들이 우리 앞에서 증언하기까지 그녀들의 이야기를 중심으로 군 '위안부' 제도의 역사를 구성했다. '위안'은 위로와 휴식이라는 평화로운 감정을 떠올리게 하는 말이지만, 피해자 입장에서 그 경험은 폭력과

트라우마로 얼룩진 것이었다. 따라서 피해자 관점에서 일본군 '위안부'의 역사를 구성한다는 것은 정의와 인권의 관점에서 일본군 '위안부'의 역사를 사유하고 그 본질적인 성격을 묻는 것이다.

제1권에서는 피해 여성 10명의 이야기를 모았다. 이들의 이야기가 실린 증언집의 내용을 기본 자료로 삼고 전시 콘텐츠와 언론 보도도 참고했다. 비교적 이름이 많이 알려져 시민들에게 친숙한 분들을 우선적으로 고려해 피해 여성 10명을 선정했다. 미디어를 통해 자주 접해 잘 알고 있는 '위안부' 피해 '할머니'를 넘어, 한 '인간'으로서 여성의 삶 전체에 대한 이야기를 전하고 싶었기 때문이다.

또한 피해 여성의 피해 지역도 고려하였다. 일본군 위안소가 아시아·태평양 전 지역에 걸쳐 설치되었고, 한국인 피해 여성들이 그 모든 지역으로 끌려갔다는 사실을 가능한 한 보여주고 싶었다. 이에 따라 김소란(가명·필리핀), 김순악(중국 내몽고 장가구), 박영심(중국 남경·버마·중국 운남), 문옥주(중국 동안·버마), 배봉기(일본 오키나와), 김복동(광동·싱가포르·인도네시아), 김옥주(중국 해남도), 송신도(중국 무한), 박옥련(라바울), 하상숙(중국 한구)의 이야기를 담았다. 물론 이 10건의 사례로는 일본군 '위안부'의 피해 내용을 모두 보여주기에 불충분하다. 그러나 이제 그 이야기를 시작했다는 점에 의미를 두고 싶다.

제2권에서는 피해 여성들의 삶을 다루되 '위안부' 역사에서 기억해야 할 중요한 항목을 따로 구성하였다. 노수복(싱가포르·태국), 강도아(대만·인도네시아), 이수단(중국 아성·중국 동녕 석문자), 박연이(가명·중국 광동·말레이시아), 홍강림(중국 상해·남경·장사), 최복애(가명·팔라우·라바울) 등 피해 여성 6명의 이야기와 함께 버마 미치나의 '위안부', 중부태평양 축섬의 조선인 '위안부', '기업위안부', 2000년 일본군 성노예 전범 여성국제법정이라는 4가지 주제에 관한 이야기가 이 책에 담겨 있다.

각 피해 여성의 이야기는 1인칭 시점으로 재구성하여 서술하였다. 시민들이 피해 여성의 목소리에 귀를 기울일 수 있기를 바라는 마음에서다. 생애사를 이야기 형식으로 만들어 '위안부' 동원 이전과 이후의 삶도 전달되길 바랐다. 또한 일제 식민통치하에서 조선의 여성들이, 민족, 계급 차별의 사회 구조 속에서 '위안부'로 광범위하게 동원되었음을 보이고자 했다.

1945년 8월 15일 해방 이후에도 피해 여성들에게는 해방이 오지 않았다. 이들은 '죄인 아닌 죄인'이 되어 숨죽이며 살아야 했다. 하지만 이 부분보다도 피해 여성들의 이야기 속에서 시민들이 듣기를 바라는 부분은, 생존을 위해서 치열하게 삶을 꾸려온 이 여성들의 생명력 있는 이야기일 것이다. 이들 피해 여성의 이야기는 당시의 전쟁 상황이나 귀환 상황을 보여주는 문서, 이미지 자료들로 뒷받침하였다. 문서 자료는 일본군과 연합군의 공문서, 연합군의 포로 심문 자료, 일본군의 전쟁체험기 등을 이용하였다. 이는 국가기관이나 남성들이 생산한 문서 자료와  피해 여성들의 증언이 얼마나 일치하고 있는지 보여주기 위해서만은 아니다. 그보다는 전쟁을 수행하며 여성을 '위안부'로 도구화했던 일본군의 조직적이고 체계적인 움직임, 이를 간파했던 연합군의 대응, 그리고 그 틈에 있었던 병사들의 관점을 드러내고, 정책과 정보에서 거의 배제되어 있었으면서도 국가와 군대의 움직임을 감지하고 있었던 피해 여성들의 감각을 보여주고 싶었다.

이 책이 나오기까지 많은 분들의 도움과 지원을 받았다. 일본이 자료를 공개하지 않고 있는 상황에서 연합군 자료를 발굴하고 조사할 수 있도록 지원해준 서울시에 깊은 감사를 드린다. 일본군 '위안부' 문제에 대한 박원순 시장의 관심과 연구팀에 대한 신뢰가 없었더라면, 이 책은 세상에 나오기 어려웠을 것이다. 연구팀의 성과를 외화할 수 있도록 깔끔하게 행정처리를 맡아준 엄규숙 서울시 여성가족정책실장을 비롯한 실무진에게도 진심으로 감사드린다.

도서출판 푸른역사는 이 책의 까다로운 편집 작업을 맡아 일본군 '위안부' 피해 여성들의 이야기를 입체적으로 복원해주었다. 많은 분들의 묵묵한 수고 덕분에 이 사례집이 세상에 나올 수 있었다.

이 책은 우리 팀이 이어가는 피해 여성들의 이야기를 담은 것이다. 1970년대부터 지금까지 피해 여성들을 만나 이야기를 듣고 기록하고 그 기억을 이어온 연구자, 활동가, 관계 단체들의 노력과 성과 위에 우리들의 작업이 가능했다. 여성인권과 평화의 관점에서 피해 여성들의 이야기를 이어가는 전승자傳承者들의 노고에 깊은 감사와 지지를 보낸다.

우리는 일본군 '위안부' 피해 여성들의 증언과 연합군 자료들이 일치할 때마다 표현하기 어려운 쓰라린 아픔과 부끄러움을 동시에 느꼈다. 70년이 지난 현재까지도 생명력을 불어넣을 수 있는 수많은 문서 자료들과, 하루하루 노쇠해가며 운명을 달리해가는 피해 여성들의 모습이 겹쳐졌다. 우리는 이 이야기들이 기억되고 잊히지 않는 것에서 더 나아가, 여성과 민족, 계급과 역사라는 묵직한 단어들이 이 이야기를 통해 더욱 무게감을 가질 수 있기를 바란다.

2018년 2월 서울대학교 인권센터
정진성 연구팀

차례 끌려가다,
버려지다,
우리 앞에 서다
2

〈일러두기〉

1. 지도

- 피해자 이동경로는 서울대 인권센터 정진성 연구팀이 작성한 것이다. 붉은 선은 동원 및 위안소 경로, 파란 선은 귀환 경로를 의미한다.

2. 지명 표기

- 일본 지명과 인명은 일본어 발음대로 표기한다.
- 중국 지명은 대중 독자들에게 익숙한 발음으로 표기한다.
  예1) 하얼빈哈爾濱, 치치하얼齊齊哈爾.
  예2) 장가구張家口, 한구漢口, 송산松山, 북경北京, 해남도海南島, 곤명昆明 등.
- 기타 지명은 현지 발음에 가깝게 표기한다.

3. 본문의 약자표기

- 서울대 인권센터 정진성 연구팀은 '우리 연구팀'으로 표기한다.
- 미국국립문서기록관리청National Archives and Records Administration은 'NARA'로 표기한다.
- 한국정신대문제대책협의회는 '정대협'으로 표기한다.
- 2000년 일본군 성노예 전범 여성국제법정은 '2000년 여성법정'으로 표기한다.
- 일본여성들의 전쟁과 평화자료관女性たちの戦争と平和資料館, Women's Active Museum on War and Peace은 'WAM'으로 표기한다.

4. 피해 여성 표기

- 우리에게 ○○○ 할머니로 익숙한 분들을 이름만으로 표기하는 일은 쉽지 않았다. 그럼에도 불구하고 우리 연구팀은 이 책에서 피해 여성들을 오로지 이름만으로 표기하기로 결정했다. 이들의 이야기가 '할머니'의 시점에 묶이기보다는 태어나서 현재까지 시대의 모순 속에서 부침을 겪으면서도 하나의 삶을 살아낸 여성/인간의 이야기로 들리길 바랐기 때문이다. 이를 통해 이 여성들을 역사적 인물로 위치 짓고, 인권의 관점에서 이들의 이야기가 기억되기를 바란다.

# 1984년 이산가족 찾기에 나선
# 태국의 피해자

노수복

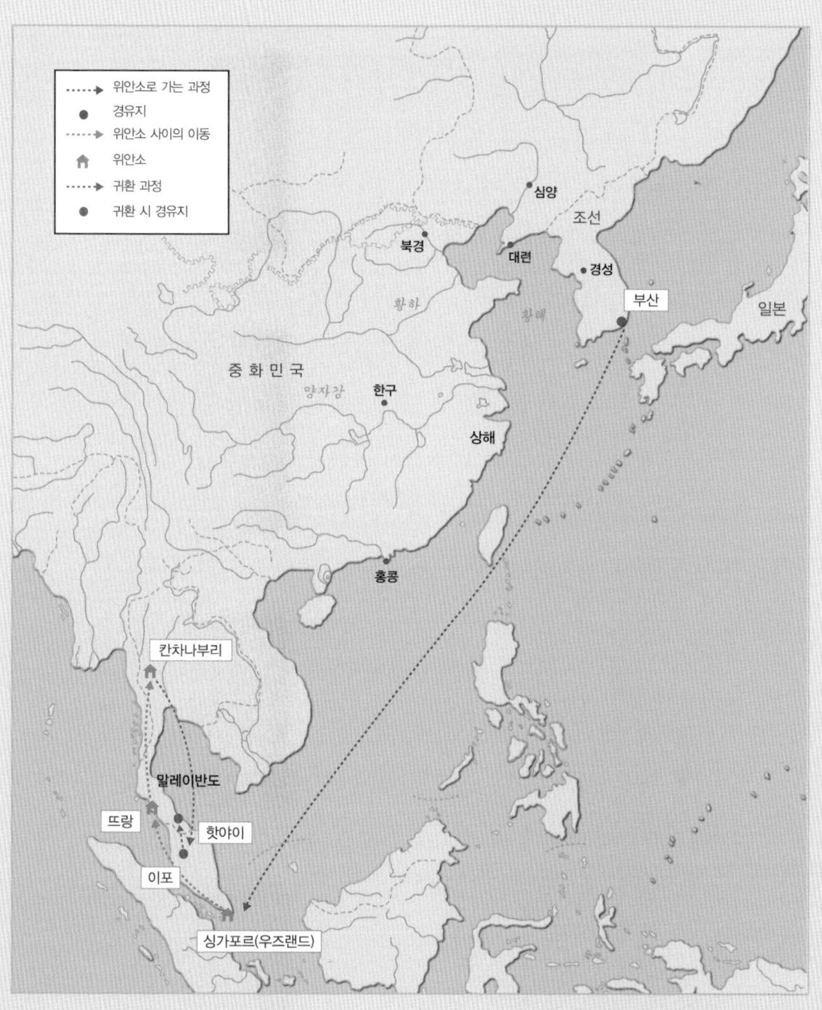
위안소로 가는 과정
경유지
위안소 사이의 이동
위안소
귀환 과정
귀환 시 경유지
심양
조선
북경
대련
경성
부산
황하
황해
일본
중 화 민 국
양자강
한구
상해
홍콩
칸차나부리
말레이반도
뜨랑
핫야이
이포
싱가포르(우즈랜드)

노수복의 이동경로

## 헤어졌던 동생들을 찾다, 1984년 KBS 이산가족 찾기

노수복은 1942년 부산에서 끌려간 뒤 싱가포르, 태국 등지에서 '위안부' 생활을 강요받았다. 전쟁이 끝난 뒤 돌아갈 곳이 없다고 생각한 노수복은 포로수용소에서 탈출한 후 말레이시아, 태국 등지를 전전한 끝에 태국 핫야이Hat yai에서 결혼도 하고 가족을 이루고 살았다. 태국에서 40년 넘게 사는 동안 한국말은 거의 잊어버렸지만 고향과 동생은 자주 생각했다. 1983년 말 방콕에 다녀온 조카가 서울에서 한국방송공사KBS 주관으로 이산가족 찾기 운동을 하고 있다고 알려줬다. 노수복은 1984년 3월 9일 방콕에 있는 한국대사관을 찾아갔다. 잊고 있던 한국말이 터져 나왔다. "나, 광산 노가, 노수복이. 안동군 풍천면 광덕리 안심부락. 내 동생 노수만이, 여동생 노순음이." 곧 동생들을 찾을 수 있었고 KBS에서는 1984년 3월 12일 한국의 동생들과 태국의 노수복을 위성중계방송으로 연결했다. 서로 헤어진 사연이 드러나면서 노수복이 '위안부' 피해자라는 사실이 드러났고, 한국의 언론은 노수복과 그 가족의 이야기를 전하기 위해 분주히 움직였다.

盧할머니(오른쪽)가 TV 화면을 통해 여동생 순음씨와 상봉했다。

**泰의「挺身隊 할머니」**

**TV로 故國血肉 상봉**

2차대전때 일본군정신대로 끌려갔다가 지금까지 태국에 남아있던 盧壽福할머니(63)가 12일 오후 42년만에 고국의 형제자매와 TV화면 상봉을 했다。

盧할머니는 이날 저녁7시30분 KBS의 주선으로 태국「방콕」의 BBTV 스튜디오에 나와 서울KBS TV스튜디오에 나와있던 여동생 순음씨(55·慶北聞慶군永順면旺泰1리)막내동생 國鉉씨(51)와 사촌오빠 榮鉉씨(66)등과 인공위성중계를 통해 극적인 재회를 했다。

아들「스포크 세훈」군(23)과 함께 나온 盧할머니는 이날 30여분간의 화면상봉에서 한두마디를 제외하고는 우리말을 제대로 하지도 알아듣지도 못해 태국 교포인 尹사주씨의 통역으로 의사를 전해야만 했다。

한편 광복회는 盧할머니를 고국에 초청키로 했으며 대한항공 趙重建사장은 盧할머니의 왕복항공비와 체재료를 모두 부담하겠다고 밝혔다。

1984년 3월 12일 오후, 태국의 노수복과 한국의 동생은 위성연결을 통해 TV 화면으로 서로를 확인했다. 그 모습이 KBS 생방송으로 고스란히 방송됐다. 오른쪽이 노수복, 왼쪽이 동생 노순음.[1]

中央日報

# 나는 여자挺身隊

盧壽福할머니 怨恨의 一代記

<1>

## 생일은 광복절날, 國籍은 中國

中國人 남편·큰아들과 휴양지서 작은 음식점 경영

우리말 띄엄띄엄… 5월에 서울간다·손꼽아 기다려

## 安心부락서 송기떡으로 延命

어린시절

∧

노수복의 어린 시절과 고향 이야기, 태국으로 끌려가게 된 상황과 '위안부' 생활, 태국에 정착해 살면서 한국의 동생을 찾기까지의 노수복의 삶의 이야기가 1984년 3월 17일부터 싱가포르 주재 특파원에 의해 《중앙일보》에 연재되었다. 이 연재물은 1984년 3월 31일까지 총 11차례 실렸다. 전종구 특파원은 노수복이 한국말을 거의 잊었기 때문에, 태국인 동행자와 노수복 조카딸의 도움을 얻어 영어↔태국어 통역을 통해 인터뷰를 진행했다고 한다. 노수복을 '여자정신대'에 동원됐던 여성으로 지칭하는 기사제목이 눈에 띈다. 당시 한국사회에서는 '위안부'보다는 '여자정신대'라는 호칭이 일본 군인에 의한 성 동원 피해 여성을 가리키는 것으로 인식되고 있었다.

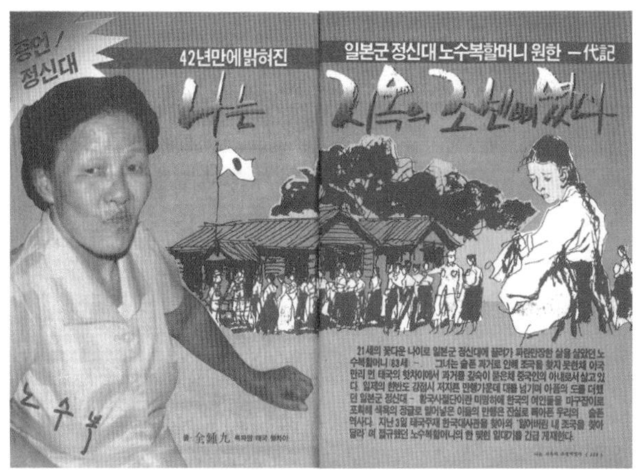
증언! 정신대

42년만에 밝혀진

일본군 정신대 노수복할머니 원한 一代記

나는 지옥의 조센삐였다

21세의 꽃다운 나이로 일본군 정신대에 끌려가 파란만장한 삶을 살았던 노수복할머니(63세) – 그녀는 슬픈 과거로 인해 조국을 찾지 못한채 이국만리 먼 태국의 핫차이에서 과거를 깊숙이 묻은채 중국인의 아내로서 살고 있다. 일제의 한반도 강점시 저지른 만행가운데 대를 넘기며 아픔의 도를 더했던 일본군 정신대 – 황국사절단이란 미명하에 한국의 여인들을 마구잡이로 포획해 색욕의 정글로 밀어넣은 이들의 만행은 진실로 뼈아픈 우리의 슬픈 역사다. 지난 3일 태국주재 한국대사관을 찾아와 '잃어버린 내 조국을 찾아달라'며 절규했던 노수복할머니의 한 맺힌 일대기를 긴급 게재한다.

글·全鍾九 특파원 태국 핫차이

^

잡지《여성중앙》에 실린 노수복 일대기 기사. 전종구 기자는《여성중앙》1984년 4월호에 다시 노수복의 일대기를 실었다.

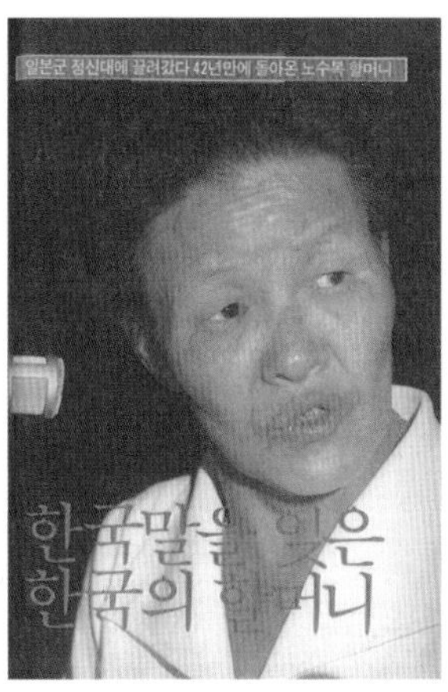


>

잡지《여원》의 노수복 기사.
그 외 여성잡지《여원》1984년 6월호에도 노수복의 이야기가 실렸다. 이들 기사는 1984년 5월에 한국을 방문했던 노수복이 동생들을 만난 과정을 중심으로 작성되었다.

친정에도 돌아가지 못하고

“나는 1921년 경북 안동군 예천면의 안심부락에서 2남 2녀 중 첫째로 태어났다. 23세 때 고향을 떠나 안심마을에 들어온 아버지는 마을 뒤 원지산 아래에 초막을 쳤고 그 후 1년도 채 못돼 내가 태어났다. 그 뒤 동생 3명이 4년 터울로 태어났다. 동생들은 내가 업어 키우다시피 했다. 겨우 입에 풀칠이나 할 정도로 가난해서 학교에 다닐 엄두도 내지 못했다. 그 때문에 한글을 쓰고 읽는 것을 제대로 배우지 못해 아직까지 ‘문맹’이나 마찬가지가 됐다.

대신 할아버지로부터 회초리로 종아리를 맞아가며 천자문과 ‘여자의 도리’를 배웠다. 할아버지는 “여자일지라도 근본을 잊지 말라”고 엄히 가르쳐서 지금도 나의 본관이 광산임은 잊지 않고 있다.

14세가 되자 부모님은 나를 서둘러 출가시켰다. 신랑의 얼굴도 보지 못한 채 양가 부모끼리 결정한 일이었다. 나는 친정에서 6킬로미터쯤 떨어진 경북 안동으로 시집갔다. 막상 결혼을 하고 보니 시가는 울도 담도 없는 초가삼간에 지붕을 이은 지 수년이 흐른 듯 비단벌레가 처마 끝에 주렁주렁 달려 있었다. 친정과 별반 다를 바 없이 보리죽도 못 끓여먹는 형편이었다. 엄청난 시련은 다음 날 아침에 왔다. 아침에 남편의 얼굴을 보니 ‘풍병(한센병)’ 환자였다. 나를 무심히 지켜보는 남편의 얼굴을 참을 수가 없었다. 남편과 동침한다는 것이 죽기보다 싫어졌다. 더욱이 시어머니는 혹독한 시집살이를 시켰다. 겨우 열네 살의 한창 자랄 나이였는데 온갖 트집을 잡으며 밥도 제대로 주지 않았다. 남편 쳐

다보기도 무섭고 배도 고파 구석구석으로 숨으며 어린 마음에 눈물짓기도 수천 번이었다.

1년 만에 보따리를 챙겨서 한밤중에 집을 떠나 친정으로 왔다. 아버지는 "죽어도 시가에서 죽고 살아도 시가에서 살라"며 문 앞에서 나를 쫓아냈다. 그 길로 걷거나 기차를 타고 대구로 가서 남의집 식모살이를 시작했다. 다시 1년이 지나 푼푼이 모은 돈으로 식구들의 옷을 사들고 친정으로 갔다. 그러나 아버지는 이번에도 "죽어도 시집에서 죽어라"며 나를 쫓아냈다. 어머니가 "하룻밤만이라도 자고 가게 하자"고 애원했으나 완고한 아버지는 들은 척도 하지 않았다. 할 수 없이 발걸음을 떼어놓자 어머니가 중매쟁이 말만 듣고 나를 출가시킨 것이 잘못이라며 가슴을 쳤다. 마을 앞에서 우리 모녀는 한동안 몸을 떨며 통곡을 했다. 남편과 시어머니는 여러 차례 친정집에 찾아와 나를 찾아내라고 행패를 부렸다고 한다. 친정부모는 동네가 창피해 낯을 들고 다닐 수 없었다고 했다.”

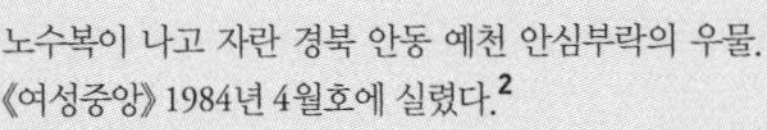

노수복이 나고 자란 경북 안동 예천 안심부락의 우물.
《여성중앙》 1984년 4월호에 실렸다.[2]

### 1942년 가을, 빨래터에 갔다가

“이렇게 나는 다시 고향을 등졌다. 다시 대구로 갔다가 식모살이 일을 좇아 부산으로 갔다. 부산에서 우연히 다섯 살 연상의 두 번째 남편을 만나 살림을 꾸렸다. 1년이 지나 남편과 함께 친정을 찾아가니 아버지는 다시 “이웃집 보기 창피하다”며 나를 내쫓았다. 그날 나는 같은 마을에 있던 고모 집에서 눈물로 밤을 새우고 다음 날 새벽 일찍 고향을 떴다.

1942년 가을, 바깥날씨가 제법 옷깃 속으로 차갑게 스며들 때였다. 나는 평소와 다름없이 살고 있던 부산 근교의 우물가 빨래터로 가서 빨래를 했다. 우물에서 물을 길으려는데 갑자기 일본 순사 서너 명이 나타나서 목이 마르니 물 한 바가지만 달라고 청했다. 물을 떠주고 항아리를 머리에 이고 우물가를 떠나려는 순간 한 명이 날 붙잡아 끌었다. 물항아리가 땅바닥에 떨어지며 산산조각이 나고 물이 튀었다. 남자 한 명이 내 손을 낚아채 신작로 쪽으로 나를 끌고 갔다. 나는 계속 “용서해달라”고 빌면서 잡혀가지 않으려고 발버둥을 쳤다. 어디로 끌려갔는지도 모르겠다. 어떤 조그마한 방으로 들어가니 여자들 대여섯 명이 있었다. 모두들 내 나이 또래로 17세에서 25세가량 되어 보였다. 열흘쯤 지나서 나는 다른 여자들과 함께 부산으로 보내졌다. 그리고 다시 한 달쯤 지난 쌀쌀한 초겨울 날에 우리 여섯 명은 함정으로 옮겨져 배 밑바닥의 조그마한 선실에 수용됐다.”

## 싱가포르의 지옥 같은 나날

“40여 일가량 항해 끝에 도착한 곳은 무더운 곳이었다. 항구 주변에 생전 처음 보는 야자수와 잎이 넓은 이름 모를 나무들이 무성했다. 배에 타고 있던 일본인들이 “쇼오난, 쇼오난”이라고 소리쳤다. 우리 일행은 배에서 내려 군용트럭을 탄 후 다시 군대 막사로 옮겨졌다.

일본군 부대에 도착한 우리들은 제일 먼저 부대장 앞으로 불려갔다. 그는 겉보기와는 달리 상냥한 말씨로 우리를 맞았다. 다시 군복을 입은 인솔자가 나타나더니 부대 변두리의 간이막사로

^
‘쇼오난’은 ‘소남昭南’의 일본어 발음으로 일본군이 1942년 2월 싱가포르를 점령하고 붙인 이름이었다. 사진은 ‘소남신사’에 참배하는 일본 병사들이다. 신사는 일본이 패전한 후 철폐되었다.[3]

우리를 데려갔다. 우리들은 저녁식사를 하는 둥 마는 둥 딱딱한 나무 침상에 서로 얽혀 잠에 곯아떨어졌다. 너무 피곤했다.

다음 날 아침 눈을 뜨니 밖에서 일본 군인들이 기웃거리고 있었다. 우리가 깨어난 것을 본 군인들은 목청을 높여 떠들어대기 시작했고, 어떤 군인은 곧바로 막사로 쳐들어올 것 같았다. 어제 우리를 이곳으로 데리고 왔던 인솔자는 한참 뒤에 나타나 "오늘 저녁에 군인 위안 노래잔치가 있다", "준비를 해둬라"라고 말했다. 어둠이 깔리기 시작할 무렵에 군인들이 넓은 연병장을 가득 메웠다. 인솔자가 빨리 나가서 노래를 부르라고 우리를 다그쳤다. 우리의 서툰 노래에도 군인들이 흥이 올라 연병장은 분위기가 들뜨기 시작했다.

1시간가량의 '노래잔치'가 끝난 뒤 우리들은 다시 인솔자를 따라 막사로 가서 방 하나씩 배정받았다. 조금 있으니 장교 한 사람이 들어왔다. 나는 "살려달라"고 매달리며 애원했지만 소용이 없었다. 몇 차례 실랑이 끝에 나는 매를 맞고 정신을 잃고 말았다. 다시 깨어났을 때 나는 이미 다른 사람이 되어 있었다.

지옥 같은 '위안부' 생활이 시작되었다. 아침에 일어나면 군인들의 옷을 빨거나 청소를 해야 했고, 오후에는 탄약통 등을 져 나르는 중노동을 했다. 살기 위해서는 어떤 고난과 치욕이라도 참아야 했다. 처음 얼마 동안은 제대로 먹지도 자지도 못해 몸이 쇠약해졌다. 군대에서 급식하는 밥을 억지로라도 먹어야 했다.

급식이라야 멀건 일본식 된장국에 밥을 말아주는 것이 고작이었다. 맞지 않으려면 무조건 그들이 시키는 대로 해야 했다. 나는 여섯 명의 조장으로 뽑혔고 급식, 배급 및 내부 생활을 간섭하는 시어머니 노릇을 해야 했다. 그렇다고 나에게 돌아오는 특혜는 없었다.

여성들은 어떤 때는 하루 60여 명의 병사들을 맞는 고통을 겪기도 했다. 이런 날은 겨우 목숨만 붙어 있는 산송장이나 다름없었다. 싱가포르에서 7, 8개월 지난 뒤 우리는 군용트럭에 실려 다른 지역으로 이동했다. 우리는 소속부대의 이동에 따라 옮겨 다녔다.”

### 말레이시아와 태국을 전전하며

" 처음 옮겨간 곳은 말레이시아 남쪽 끝 조호르바루 건너편의 우즈랜드였다. 이어서 말레이반도를 따라 북쪽으로 이동하여 태국 남부의 뜨랑에도 잠시 머물렀다. 우리들은 방콕 근처 칸차나부리까지 이동했다.

1년 가까이 이동을 하면서 내가 본 전장의 참상은 이루 말할 수 없었다. 일본군들은 진군하는 도중에 잡은 태국 여자들, 심지어 10여 세 안팎의 어린 소녀까지 못 쓰게 하는가 하면 여러 병사들이 어머니와 딸을 한 자리에서 차례로 욕보이는 일까지 있었다. 어느 날 한 병영에서 군복 차림의 조선 여자 대여섯 명이 걸어가는 것을 보고 반가워 우리가 우르르 달려간 적이 있었다. 그러나 맞닥뜨리자 정작 서로 아무 말도 하지 못하고 그저 멍하니 바라보기만 했다. 무슨 말을 해야 할지 알 수 없었다."

^

1941년 12월 8일 태국을 침공한 일본군은 이른바 '평화 진주'를 한다는 명분으로 걸어서 12월 10일 방콕에 들어왔다.[4] 일본군은 태국을 점령하고 싶지 않다며 버마, 말레이시아, 인도로 가는 길을 내어줄 것을 요구했다. 2주 후에 태국정부는 일본과 국방협정에 서명했다. 이 합의에서 태국과 일본은 주권과 독립 문제에 서로 존중할 것에 동의하였으며, 정치적·군사적·경제적으로 서로 지지할 것을 강조하였다. 동남아시아에서 태국은 일본과 긴밀한 동맹관계를 유지한 유일한 국가였다. 그리고 일본의 '위대한 동맹국'인 태국에는 20만 명이 넘는 일본군이 주둔했다.

칸차나부리 근처 포로수용소로

“1945년 초였다. 전세가 불리해지자 일본군 병사들은 더욱 포악해졌다. 우리는 공포의 나날을 보냈다. 일본군이 태국의 동굴에서 여자들을 몰살했다는 소문까지 들려왔다. 우리는 거의 실어증에 걸리다시피 했다. 급식이 나빠지는가 싶더니 중단되었다. 굶주림과 공포가 몰려왔다.

우리가 속해 있던 부대로 어디서인지 모르게 많은 조선인 여자들이 이동해왔다. 어느새 일행은 여섯 명에서 사십 명으로 늘어났다. 이때부터 우리들은 노동봉사대원으로서 군수품을 져 나르는 일을 했다. ‘위안부’ 일도 계속했다. 중노동에 뼈마디가 부러지는 고통을 수없이 느꼈다.

어느 날 일본군이 연합군에 항복했다는 소문이 들렸다. 소문은 곧 사실이 되었다. 1945년 6월 즈음, 부대에 돌연 서양 군인들이 나타났다. 이들은 아무런 충돌 없이 부대를 접수하고 일장기

대신 영국 국기를 게양했다. 영국군 부대장은 항복한 일본군들을 연병장에 집결시킨 뒤 무장해제를 시키고 트럭에 태워 어딘가로 데려갔다. 우리도 예외가 아니었다. 사십 명을 트럭 한 대에 태워 두 시간 정도 걸려 간 곳은 칸차나부리 부근의 꽤 규모가 큰 포로 수용소였다. 포로수용소는 일본군 병영을 수리하고 개조해 빨간색 지붕을 얹은 2층 막사였다. 이곳을 우리들은 '빨간 집'이라고 불렀다. 소장은 '웨이'라는 키가 좀 작고 뚱뚱한 사람이었다. 포로수용소에는 태국이나 버마에서 온 조선인 '위안부'가 200여 명에 이르렀다.

무엇보다 일본군에 시달리지 않아서 좋았다. 나를 포함한 18명 정도가 20평 정도의 방에서 함께 지냈다. 수용소 생활은 완전히 군대와 비슷했다. 아침 6시에 일어나 연병장에 모여 아침 구보를 하고 낮에는 도로 보수 공사장에서 일했다.”

∧
태국 칸차나부리 콰이강 주변에 설치되었던 위안소의 현재 모습(2017년 촬영).[5] 1943년 5월 10일부터 1944년 2월 24일까지 태국 최고사령부 본부가 작성한 〈일본군의 행위와 이동에 관한 보고서Report on the behavior and movements of Japanese military〉[6]에 따르면 칸차나부리 지역에 3개의 일본군 위안소military brothel가 설치된 것으로 확인된다. 그 가운데 위치를 확인할 수 있었던 곳은 반 누Ban Nue 9번지 건물이었다(사진). 이 건물은 전쟁 이후 개조되고 재건축되었다. 현재의 소유자는 이 건물이 일본군의 군 사무소와 숙박 시설로 사용되었다고 말했으며 일본군이 다른 목적으로 사용했는지에 대해서는 알지 못했다.

## 영국군 스마일리 대령과
## 태국 우본Ubon의 조선인 '위안부'들

노수복이 수용되었던 칸차나부리 수용소, 문옥주가 수용되었던 아유타야 수용소 외에도 조선인 '위안부'들이 있었던 태국의 수용소가 있었다. 태국 북동쪽 우본 지역 포로수용소가 그곳이다. 이곳에는 조선인 '위안부' 5명이 수용되어 있었다. 이 수용소를 관리했던 영국군 대령 데이빗 스마일리David Smiley는 이 여성들이 포함된 사진을 찍은 바가 있으며, 자신의 회고록에 관련 내용을 남겼다.

스마일리 대령은 작전명 캔들Candle 아래 태국의 북동 지역, 즉 메콩강이 둘러싼 태국의 북동쪽 국경에서 서쪽으로는 우돈Udon과 코라트Khorat를 잇는 철도(지금의 태국 2번 국도), 남쪽으로는 코라트와 우본을 잇는 철도(지금의 태국 24번 국도)까지의 지역 내 작전을 책임지는 영국군 대령이었다. 그는 영국 특수작전집행부Force 136과 더불어 1945년 3월부터 12월까지 그 임무를 수행하였다.

HU 65577 SMILEY D DE C (COL)
Black and white Unrestricted

SERVICE OF COLONEL DAVID SMILEY WITH FORCE 136 (SPECIAL OPERATIONS EXECUTIVE [SOE]) IN THAILAND (SIAM), MARCH - DECEMBER 1945.
**Group of five (Korean) 'Comfort Girls' pose by a tree at Ubon, Thailand, October 1945.**

Additional information: **One of David Smiley's problems was the repatriation of 'Comfort Girls'**

∧

1945년 10월 태국 우본에서 촬영된, '위안부'였던 조선인 여성 사진. "다섯 명의 조선인 '위안부Comfort Girls'가 나무 앞에서 포즈를 취하고 있다"는 사진 설명이 붙어 있다.[7]

HU 65808　　　　　　SMILEY D DE C (COL)
Black and white　　　Unrestricted

SERVICE OF COLONEL DAVID SMILEY WITH FORCE 136 (SPECIAL OPERATIONS EXECUTIVE [SOE]) IN THAILAND (SIAM), MARCH - DECEMBER 1945. David Smiley sitting at the centre of a large group of Koreans (formerly guards at Ubon POW Camp and now possible war criminals) and five 'comfort' girls. Ubon, October 1945.

Additional information: Identical to HU 65587

∧
조선인들 사이 가운데 스마일리 대령이 앉아 있다. 그 앞에 '위안부'로 끌려왔던 조선인 여성 5명이 앉아 있다. 다수의 조선인 남성들은 일본군이 관리했던 우본 포로수용소의 감시원들이다. "현재 잠정적인 전쟁범죄자들이다"라고 쓰여 있다. 1945년 10월.[8]

일본군 투항 이후 스마일리 대령의 임무 중 일부는 캔들 작전 지역에서 연합군 전쟁포로를 송환하는 것과 일본군을 무장해제 하는 것이었다. 캔들 작전 지역에 주둔하던 일본군 약 9,200명은 우본에 집결하였고, 1945년 10월 22일 일본군 전쟁포로의 공식 집계가 완료되면서 우본 수용소는 연합군의 일본군 전쟁포로수용소로 변모했다.

스마일리 대령을 가장 곤란하게 했던 것은 조선인 '위안부'들이었다. 그는 본래 이들을 일본인으로 알고 있었으나, 어느 날 자신의 집에 찾아온 15명의 여성이 자신들의 억울한 사연을 이야기하고 보호를 요청하면서 이들이 조선인이라는 사실과 일본군의 이야기와는 달리 본인의 의사에 반하여 이곳에 있다는 것을 알게 되었다. 스마일리 대령은 공식적으로 이 여성들의 빚을 무효화할 것과 이들을 놓아줄 것을 일본군에게 명령하였다.

여성들은 곧 수용소가 아닌 마을에서 살 수 있도록 조치되었다. 스마일리 대령은 때때로 자신의 집에서 부대원들과 저녁을 먹을 때 이 여성들이 방문하여 노래를 불러주곤 했다고 기억한다. 회고록 속에서도 이들에 대한 기억이 담긴 사진이 남아 있다고 언급했는데 이 사진은 조선인 포로감시원들이 우본을 떠나기 전에 촬영한 것이라고 한다.[9]

### 차라리 귀국하지 않는 것이 떳떳하리라

“포로수용소에서 지낸 지 두 달 정도 지난 뒤에 일본이 무조건 항복했다는 소식이 들려왔다. 순간 수용소 안이 들끓기 시작했다. 우리들은 “만세”를 외쳐대면서 마룻바닥을 발로 동동 굴렀다. 수용소 안은 완전히 환호성으로 뒤범벅이 됐다. 곧 귀국하게 될 것이라는 기대로 모두들 설렜다. 한쪽 구석에서는 여자 10여 명이 서로 부둥켜안고 울고 있었다.

며칠 흥분된 날이 지나고 본국 송환에 관한 소문이 퍼지기 시작했다. 나는 귀국 소식에 오히려 당황했다. 고향으로 돌아가고 싶은 마음은 굴뚝 같았지만 한편 집으로 돌아가는 것이 두려웠다. 다른 수용소에 있던 여자들이 배편으로 본국에 송환됐다는 소리가 들려왔고, 그럴 때마다 나는 더욱 우울해졌다. 이런 몸으로 어떻게 돌아갈 수 있단 말인가. 엄격한 아버지의 얼굴이 떠올랐다. 며칠 동안 번민한 끝에 차라리 귀국하지 않는 것이 부모님에게 떳떳하겠다는 결심이 들었다. 그래서 포로수용소를 탈출하겠다는 작정을 했다.

1945년 10월 즈음이었다. 여자들 전원에게 수용소에서 좀 떨어진 채소밭으로 작업을 나가라는 지시가 떨어졌다. 아침부터 비가 억수로 내렸는데, 이런 날은 작업이 일찍 끝난다. 나는 이 기회를 이용하기로 했다. 평소와 다름없이 작업을 나갔고, 채소밭 작업을 하면서 될 수 있는 대로 일행의 꽁무니로 처졌다. 거센 비

때문인지 작업은 일찍 끝났다. 나는 뒤쪽에서 적당히 거리를 두면서 따라가다가 일행이 낮은 구릉을 넘어가는 사이 오던 길을 뒤돌아 뛰기 시작했다. 아무 생각 없이 있는 힘을 다해 뛰었다. 한참을 정신없이 뛰다보니 내가 지금까지 있던 수용소가 멀리 보였다. 순간 긴장이 풀리면서 왠지 모르게 눈물이 솟구쳤다. 주체할 수 없는 설움이 북받쳐 올랐다. 나는 '24세의 자유인'이었다. 나는 한참 넋을 놓고 엉엉 울었다.❞

태국 핫야이에서 이룬 가족

❝말레이반도의 동쪽 해안을 따라 며칠 동안 걷기만 하였다. 점차 방향이 남쪽으로 잡히면서 말레이시아의 이포 ipo시에 닿았다. 두 달 동안 집집을 돌며 걸식했다. 나는 어느새 거지가 되어 몰골이 이루 말할 수 없었다. 그래도 '위안부' 시절보다는 좋았다. 자유를 누릴 수 있었기 때문이다. 나는 이를 악물고 내가 선택한 고통을 참기로 했다.

이포시에서 모하메드라는 이름의 40대 말레이시아 신사를 만나 그 셋째 부인 집에 가서 집안일을 했다. 청소를 해도 즐거웠고 자녀 다섯 명의 시중을 들어도 귀찮지 않았다. 나는 새벽에 일어나 밤늦게까지 일하면서 몸을 아끼지 않았다. 그러나 언제까지나 남의집살이를 할 수는 없다는 생각이 들었다. 그래서 시내에 나갈 기회가 있을 때마다 그곳 음식점의 음식이나 조리법 등을 알아보았다. 포장마차 같은 간이음식점이라도 하면서 독립해야겠다고 생각했다.

1년 뒤에 그 집을 나와 다시 태국으로 갔다. 그리고 도착한 곳이 지금의 핫야이이다. 두어 달을 이곳저곳 헤매다가 작은 음식점의 종업원으로 들어갈 수 있었다. 운 씨라는 화교가 주인이었는데, 나는 자주 중국인 친목회 모임에 불려나가 일을 돕다가 한 총각을 만났다. 운 씨 처남이자 나의 남편이 된 '첸 자오'였다. 작은 음식점을 하고 있던 그는 너무나 가난한 나머지 장가를 들지 못하고 있었다. 내 나이 26세, 남편 나이 36세 되던 해인 1947년에 우리는 결혼식을 올렸다. 그 후 작은 음식점이었지만 노력한 만큼 장사는 잘 되었다. 그러나 결혼 10년이 되도록 내가 아이를 낳지 못하여 결혼 생활에 위기가 닥쳐왔다. 과거의 고난이 되살아나 나를 괴롭혔다. 아이를 갖지 못하는 마음의 고통은 컸다. 나는 남편에게 '작은 집'을 두도록 권했으며, 처음에 펄쩍 뛰던 남편도 결국은 나의 간곡한 부탁을 받아들였다. 1960년 초 남편은 나보다 15세 연하인 젊은 태국 여자를 데려왔다. 새 가족이 된 아우는 곧 아들을 낳았고 이어 아이 둘을 더 낳았다. 남편의 기쁨은 이루 말할 수 없었다. 나도 아이를 함께 기르는 재미에 새로운 행복을 느꼈다.”

^
태국에서 노수복 가족이 운영하던 찻집과 태국에서 이룬 가족.[10]

KBS 이산가족 찾기

“푼푼이 모은 돈으로 음식점을 늘려나가느라 나는 세상일을 전혀 몰랐다. 한국전쟁이 일어나 산천이 폐허가 되다시피 된 줄도 몰랐다. 결혼한 뒤로는 일에 매달려 고향 생각을 할 겨를도 없었다. 그러던 중 방콕에서 핫야이를 잇는 남태 도로 건설현장에 한국 사람들이 일하고 있다는 소식을 듣고 가슴이 뛰기 시작했다. 다음 날 서둘러 현장을 찾아갔는데 한국 사람들을 본 순간 할 말을 잊을 정도로 몹시 반가웠다. 여기에서 나는 30여 년 만에 김치 맛을 맛보았다. 돌아올 때 김치를 얻어 집에다 두고 오래 오래 아끼면서 먹었다.

조카들에게 한국과 고향, 가족에 대해서 얘기했다. 새삼 고향이 그리웠다. 그러면서도 다시 두려움이 고개를 들어 고향에 찾아가기가 망설여졌다. ‘정말 내가 고향에 가도 괜찮을까?’ 며칠을 번민으로 보냈다. ‘내가 무엇이 거리낀단 말인가? 내가 뭘 잘못해서 고향을 찾지 못한단 말인가?’ 마음을 다잡았다.

1983년 말이었다. 방콕에 다녀온 조카가 서울에서 KBS 주관으로 이산가족 찾기 운동을 벌이고 있다고 전해줬다. 나도 내 가족을 찾아달라고 부탁하기로 하고 조카들을 앞세워 방콕에 있는 한국대사관에 가 보았다. 3월 9일 한국대사관을 찾았을 때, 그동안 다 잊어버린 줄 알았던 한국어가 나도 모르게 터져 나왔다. 나도 놀랐다.”

## 한국말을 잊은 한국인 노수복의 이후 이야기

KBS 이산가족 찾기를 통해 고향의 동생들을 확인한 노수복은 1984년 5월 25일 김포공항을 통해 한국을 방문했다. 광복회와 태국 주재 한국대사관의 주선으로 성사된 일이었다. 당시 언론들은 '42년 만에 고국을 찾은 정신대할머니'의 이야기에 주목하며 노수복에게 '고국'과 '고향', '가족'이 갖는 각별한 의미를 여러 각도에서 접근해 보도했다. 그리고 한국말을 거의 잊어버렸지만 본가와 고향 주소, 동생들의 이름만은 기억하고 있는 노수복의 상황에 안타까워했으며, 생일도 잊어버리고 한국이 일본으로부터 해방된 '8월 15일'을 태어난 날로 하여 새로운 여권을 만든 이야기에 감동했다. 당시에 알려진 얘기는 아니었지만 노수복은 태국에 귀화하지 않은 채 매번 비자 갱신을 하면서 태국에 살고 있었다.

노수복의 두 번째 한국 방문은 1991년 4월 20일이었다. 일본군 '위안부' 문제 해결을 위한 사회적 운동이 진행되던 시기였으며, 전해인 1990년 8월 KBS 다큐멘터리에 돌아오지 못한 강제동원 피해자로 출연한 적도 있었다. 다만 이때는 1984년 방문과는 달리 비교적 조용히 한국에 들어와서 부모님 묘소에 성묘를 하고 가족 친척들을 만나고 돌아갔다. 한국정부가 일본군 '위안부' 피

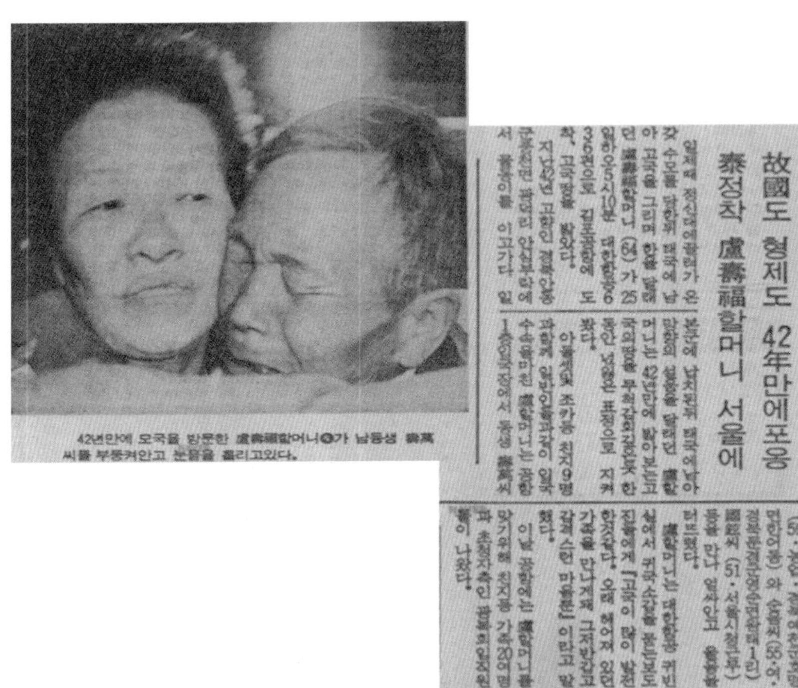

# 故國도 형제도 42年만에포옹

## 泰정착 盧壽福할머니 서울에

일제때 정신대에끌려가 온갖 수모를 당한뒤 태국에 남아 고국을 그리며 한을 달래던 盧壽福할머니(64)가 25일하오5시10분 대한항공636편으로 김포공항에 도착, 고국땅을 밟았다.

지난42년 고향인 경북안동군풍천면 [illegible] 안심부락에서 [illegible]이를 이고가다 일본군에 납치된뒤 태국에 남아 [illegible] 생활을 달래던 盧할머니는 42년만에 밟아보는고국의땅을 무척감회깊은듯 한동안 넋잃은 표정으로 지켜봤다.

아들셋과 조카등 친지9명과함께 일반인들과같이 입국수속을마친 盧할머니는 공항1층입국장에서 동생 盧[illegible]씨(59·농업·경북예천군호명면[illegible])와 [illegible]씨(55·여·경북[illegible]) [illegible]씨(51·서울시청[illegible]) 등을 만나 얼싸안고 울음을 터뜨렸다.

盧할머니는 대한항공 귀빈실에서 귀국소감을 묻는보도진들에게 「고국이 많이 발전한것같다. 오래 헤어져 있던 가족을 만나게돼 그저반갑고 감격스런 마음뿐」이라고 말했다.

이날 공항에는 盧할머니를 맞기위해 친지등 가족20여명과 초청자측인 [illegible] 임직원들이 나왔다.

42년만에 모국을 방문한 盧壽福할머니ⓐ가 남동생 盧[illegible]씨를 부둥켜안고 눈물을 흘리고있다.

1984년 5월 26일 노수복의 한국 방문과 형제 상봉을 보도한 《경향신문》 기사.

잡지《여원》은 1984년 6월호에서 노수복의 피해와 사연, 한국 방문과 형제 상봉을 상세하게 기사로 다뤘다.[11]

해생존자 등록과 생활지원을 시작한 1993년에 피해등록을 했으며 이후 태국에 거주하면서 한국의 활동가, 시민단체들과 지속적으로 연락하고 왕래하면서 지냈다. 2011년 8월 노수복은 다시 한국을 방문하여 서울에서 열린 '제10차 일본군 '위안부' 문제 해결을 위한 아시아 연대회의'에 참석하였으며 한국정신대문제대책협의회가 매주 수요일 일본대사관 앞에서 여는 수요시위에도 참여했다. 2011년 11월 4일 태국 핫야이에서 작고하였으며, 11월 30일 그 유해가 한국으로 돌아와 경북 예천 선산의 부모님 묘소 곁에 안장됐다.

^
1990년 8월 10일 KBS 1TV를 통해 방영된 일본군 '위안부' 피해자에 관한 다큐멘터리에 출연한 모습.[12]

>
2011년 8월 13~14일 이틀간 열린 '제10차 일본군 '위안부' 문제 해결을 위한 아시아 연대회의'에 참석하여 발언하고 있다. 정대협 제공.

*

노수복의 이야기는 다음 언론 보도의 내용을 인용, 요약, 정리했다.

- 전종구 기자, 〈나는 여자정신대: 노수복 할머니 원한의 일대기〉, 《중앙일보》 1984. 3. 17~3. 31(1~11회).
- 전종구 기자, 〈나는 지옥의 조센삐였다〉, 《여성중앙》 1984년 4월호.
- 〈42년 만에 고국 땅을 밟은 魯壽福 할머니〉, 《여원》 1984년 6월호.

# 인도네시아
# 보르네오섬 발릭파판의
# 위안소를 둘러싼
# 두 개의 기억

강도아

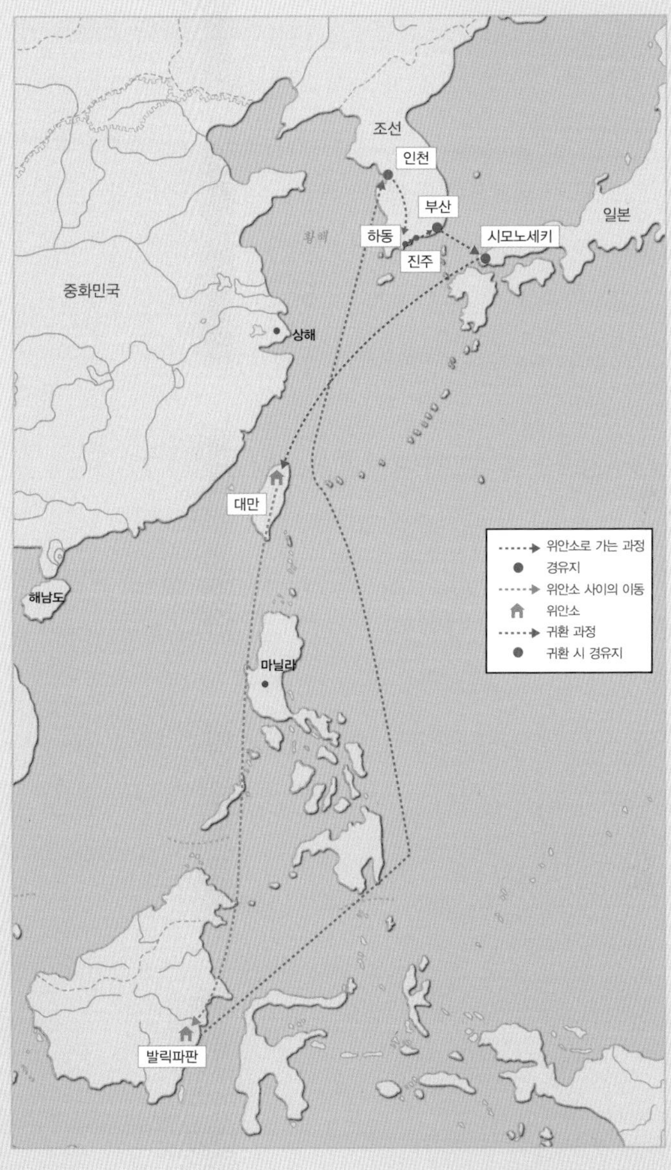
조선
인천
부산
일본
하동
시모노세키
진주
황해
중화민국
상해
대만
해남도
마닐라
발릭파판
위안소로 가는 과정
경유지
위안소 사이의 이동
위안소
귀환 과정
귀환 시 경유지

강도아의 이동경로

2005년 2월부터 일제강점하 강제동원피해 진상규명위원회에서 군인·군속, 노동자, '위안부' 피해 등에 관한 신고를 받기 시작했을 때, 진주에 살고 있던 83세의 강도아는, '그 시기'가 왔다고 생각했다. 그동안 텔레비전을 통해서 '위안부' 피해자들의 모습은 봤지만 강도아의 생각은 "저 어디서 저렇게 하는 기고, 내가 거 어디라도 찾아갈 수도 없는 일이고, 거 잠자코 있다가 인자 죽을 때도 됐고, 이래다 죽으나 저래다 죽으나 죽으면 고만이지" 하는 것이었다.

그러다가 강제동원 피해 신고에 관한 소식을 접하고는 "에라 나도 신청 한번 해보자"라고 생각했다. 가까이 있던 양딸이 신고를 도와줬다. 양딸은 강도아가 어디에 갔다 왔다는 사실도, 무슨 일을 했는지에 관한 내용도 모르는 상태였다. "우짜면 좋을고, 부끄러워서 말을 할 데가 없다"를 반복하는 말 속에 대강 선은 이렇고 후는 어떻다는 말을 섞었다. 2005년 4월 담당조사관이 진주 집에 찾아와 면담을 했고, 강도아는 같은 해 10월 〈일제하 일본군 '위안부' 피해자에 대한 생활안정 지원 및 기념사업 등에 관한 법률〉에 따라 한국정부의 생활지원 대상이 되었다.

2006년 12월 어느 강제동원 피해자의 아들이 일제강점하 강제동원피해 진상규명위원회에 제출한 자료인 〈남방조선출신자 명부〉에 강도아의 인적사항이 실려 있음이 확인되었다. 이 명부는 인도네시아 보르네오섬 발릭파판에 연고가 있는 조선인들에

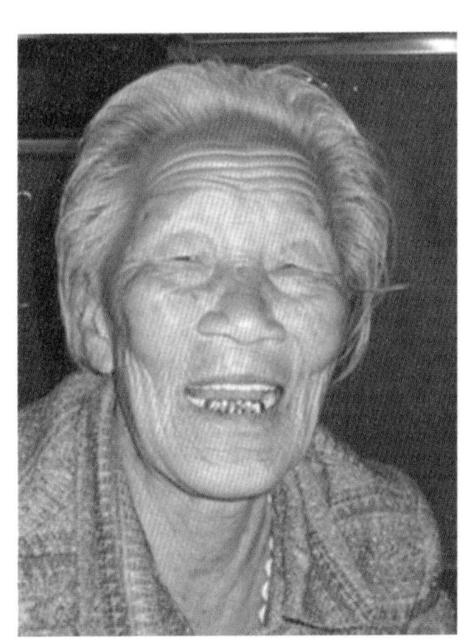

대만과 인도네시아 발릭파판의 '위안부' 피해자 강도아.[1]

대해서 어느 조선인 개인이 1946년에 작성한 것이었다. 강도아는 제102연료창 소속으로 11명의 여성, 4명의 남성과 함께 기재되어 있었다. 강도아는 면담 과정에서 자신이 '바리크바빵'이란 곳을 다녀왔다고 반복해서 밝힌 바가 있었다.

이후 마산의 어느 요양원에서 평온한 삶을 이어가던 강도아는 2007년 10월 23일 작고했다. 비교적 건강하게 잘 지내다가 난소암이 발견되어 수술하고 회복하는 도중 병세가 악화된 것이었다. 가족과 활동가, 주변 사람들은 뒤늦게 자신의 피해를 밝히고 주변과 소통하다가 갑자기 이별을 맞게 된 강도아의 삶을 안타깝게 애도하였다.

## 가서 시키는 대로 하면 부모형제가 살기가 괜찮을 것 같아

"내 어려운 이야기는 입이 있어도 말하기가 어렵다. 부모님은 남의 땅 지어 먹고 살았다. 형제자매가 열 명인데 내가 가장 크니까 매일 동생을 돌봐야 했다. 동생 하나 업고 밥 해먹고, 동생 하나 업고 집 청소하고. 그렇게 사느라 열네 살 먹을 때까지 바깥에 나가보지를 못했다. 사람 구경도 못 해보고. 하루는 집에서 "도아야, 니가 가라는 데로 가면 우리가 부자가 된다 한다. 먹고 살기가 괜찮아진다"고 했다. 면 직원이 나왔었는가. 잘 모르겠는데 면에서 해서 간 것이었다. 집에서는 안 보내줬을 것인데 식구가 워낙 많고 먹을 것도 없고 그러니까 그곳에 가면 돈을 많이 부쳐줄 수 있다니까 보내줬다.

가면 식모처럼 밥이나 시켜먹고, 빨래나 시키고, 청소나 시키고 그럴 줄 알았다. 집에서 이러고 사느니 어디 가면 나도 잘 먹고 잘 입고 부모형제간도 잘 살고 할 것이니 그래볼까 생각하고 있다고 했다. 아무 날 나를 데리고 간다고 했다. 나에게 돈도 좀 주고 부모형제간 좀 먹고 살게 돈 주고 나를 데리고 가야 하지 않냐고 하니까 그런 것이 아니란다. 그곳에 가서 노력을 하면 돈을 부쳐 살게 해준다고 했다. 그래서 내가 가서 시키는 대로 하면 부모형제가 살기가 괜찮은가 보다, 그래 생각해서 따라갔다. 갈 때는 대만을 거쳐 인도로 갔다. 발릭파판이라고. 그곳에서 십 리 들어가면 석유가 나는 곳이라고 했다. 그곳은 아주 높은 사람 도장을 받지 않으면 못 들어가는 곳이라고, 아무나 못 들어간다고 했다.

우리 대평면에서는 나 혼자 갔다. 진주에서 여자들이 열 명 남짓 모였다. 진주에서는 시간차 타고 갔든가, 시간 맞춰가는 차. 부산에서 큰 배를 타고 시모노세키로 갔다가 다시 대만으로 갔다.”

**어디로 가면 저 꼬라지를 안 보고 살 건가**

“대만이라는 소리만 들었다. 거기가 어딘지는 모르겠다. 그 집 이름은 무엇인지, 간판은 있었는지. 내가 이렇게 천하 반편이다. 가자마자 열흘이 지났나, 한 달이 지났나. 밥 해주고 빨래나 해주고 청소도 해주고 했다. 집에 있어도 안 놀고 그런 일을 하니까 이제 이 일은 하겠다 싶었다. 설마 ‘손님’ 받고 그런 일 한다는 생각은 하지 않았다. 내 딴에는.

한 달쯤 넘어서였을 거다. 그런 일 한 것이. 거석 하는 놈이 여러 명 들어왔다. 이것도 들어오고 저것도 들어오고. 고함지른다고 두들겨 패고 ‘주둥이’도 틀어막고. 아래가 세 갈래나 네 갈래나 찢어져서 걷지도 못하고. 말도 못했다. 겨우 조금 아물어질 때 정도 되니까 또 받아야 되고. 안 받으면 맞아 죽으니까.

대만에서는 무엇이 어찌 됐는지 모르겠다. 자꾸 내 몸만 숨기려고 하고, 사람 보려고 하지도 않고, 못 죽어서 거기에 댕긴 것이지. 누가 왔었는지, 누가 있었는지 기억에 하나도 없다. 주로 생각한 것이, 내가 어디로 도망가면 저것들 안 받고 살 것인가,

그것밖에 생각하지 않았다. 주야장천 내가 어디로 가면 저 꼬라지를 안 보고 살 건가. 그것뿐이었다. 그때는 내 살 궁리만 하지, 부모형제도 생각에 없었다.”

**인도네시아 보르네오섬 발릭파판으로**

“대만에서도 두세 차례 옮긴 듯싶다. 몇 번 주인이 바뀌었다. 먹는 것도 뒤죽박죽 형편없었고, 밥 먹을 시간도 없었다. 시키는 대로 안 하면 맞아죽으니 할 수 없이 지냈다. 발릭파판에서도 사람은 많았어도 행실에 길이 들어놨으니까 사람을 봐도 들어오면 자고 나갈 줄 알고, 그래서 거기가 조금 나았다. 대만에서는 영 죽을 지경이었다.

대만에서 3년 있다가 발릭파판으로 옮겼다. 어디로 가는지 알지도 못하고 가자 하는 대로 따라갔다. 그때 갈 때도 군함을 타고 갔다. 온통 사방에 물이 있었고, 어디에서 내렸는지도 모르겠다. 그저 가자고 하는 대로 따라갔다. 안 따라가면 맞아죽으니까.

거기는 사방에 물 천지고 배도 많이 오고 가면서 닿는 데도 아니었다. 골짜기에 들어가면 석유도 나왔는데, 바닥이 새까맣고 성냥을 버려서도 안 되는 곳이었다. 옷도 크게 필요한 데도 아니고, 우리 갈 때는 훌떡 벗고 들어가서 가마니때기 어깨에 붙여가지고 다녔다. 해만 져도 나가지도 못하고, 나가면 ‘세방’이라는 사람이 있다고 했다. 전신에 털이 있어서 사람 잡아먹는 사람이 있다고. 그래서 겁이 나서 나가지도 못했다.

## 일본군의 인도네시아 점령과
## 해군의 보르네오섬 발릭파판 통치

오로지 제국주의 확대와 석유 등 자원 획득을 목적으로 제2차 세계대전을 도발한 일본군은 1942년 3월 9일 인도네시아에서 네덜란드 군의 항복을 받고 "아시아를 해방한다"는 명분하에 인도네시아를 통치하기 시작했다. 강도아가 끌려갔던 발릭파판은 석유가 풍부하게 매장되어 있던 보르네오섬의 요새로, 일본군은 1942년 1월 24일에 상륙하여 그 다음 날인 25일에 이곳을 완전히 점령했다. 네덜란드 군의 항복 이후, 인도네시아는 일본군에 의해 분할 통치되었다. 일본 육군 제25군이 수마트라섬을, 일본 육군 제16군이 자바섬을, 일본 해군이 보르네오섬, 셀레베스섬, 서부 뉴기니아를 포함한 그 외 섬들을 각기 통치했다.

∧

일본군은 오로지 석유 획득을 위해서 인도네시아 공격을 개시하고 1942년 1월 24일 인도네시아 보르네오섬의 발릭파판에 상륙하였다.[2]

∧
발릭파판은 1890년대부터 석유가 개발된 인도네시아 보르네오섬 최대의 석유기지이다. 일본군은 보르네오섬을 점령한 후 발릭파판의 제유소製油所를 복구하고 석유 채굴에 집중하였다.[3]

발릭파판의 집은 아래도 없고 위에만 벽이 있고 계단도 없었다. 대만에서는 2층에 있었는데 거기는 2층이니 3층이니 없고 단층뿐이었다. 군인들이 문 뒤에 줄지어 서 있다가 문만 열면 들어오고, 문만 열면 들어오고 했다. 군인들은 표 쪼가리를 주인에게 갖다 줬고 콘돔을 들고 들어왔다. 다 마치는 시간이 지금 생각하면 7시, 8시나 될까. 10시가 넘을 때도 있었다. 밤새도록 자고 가는 놈은 없었다. 그곳은 밤새도록 자는 데가 아니었다.

술 먹고 들어오는 놈이 있었다. 그런 놈들 행패 부리는 일 같은 것은 말도 다 못한다. 다 받아줘야지 방법이 없었다. 전부 조선 여자만 있었는데 싸움을 해서 일주일간 유치장 생활도 했었다. 뭣 때문에 싸웠는지는 모르겠다. 서로 언성이 좋지 않게 나갔겠지. 나는 글도 모르고 아무것도 모르는 멍청이라도 '주둥이'는 좀 야물었다. 싸우니까 탁 가둬놓고 안 내놓더라. 한 사나흘 갇혀 있었다. 그래도 좋다 싶더라. 다만 며칠이라도 쉬니까 굶어도 그게 나았다. 훨씬 낫더라.

아래에 병에 걸리면 '손님'을 못 받고 안 받았다. 걸렸다 하는 것은 의사가 판정했다. 콘돔을 써도 병 걸리는 사람은 걸렸다. 심한 사람은 입원도 하고 약도 가져와서 뿌리고 뭐, 별 짓을 다했다. 검사는 일주일에 한 번 옆에 붙어 있는 병원에 가서 했다. 차를 타고 가서 앞에 내려서는 쭉 줄지어 서서 했다. 병원에서 일반인이나 다른 사람은 아무도 안 보이고, 매일 보이는 사람만 보였으니까, 그게 전부 군인인 것을 알겠더라.

검사하는 날도 갔다 와서 군인을 받았다. 남자들은 대중없었다. 아침에도 오고 저녁에도 오고. 콘돔도 쓰지만 소독물로도 씻었다. 하얀 색. 혹시 사람 일은 모르니까 꼭 소독물에 씻어야 했다. 자기 몸을 위해서 귀찮아도 꼭 씻었다. '손님'이 나가면 씻으러 갔다.

발릭파판에서 바깥 돌아가는 사정은 전혀 몰랐다. 안 가봤으니 바깥에도 안 나가봤다. 못 나간다. 나갈 여가도 없고, 노는 날도 없고. 군인들이 안 올 때는 그냥 누워 잤다. 탈출은 꿈도 못 꿨다. 도망가도 뭐, 섬이라서 도망도 못 갔다. 갈 데가 없다. 전부 물인데 어디로 갈까.

”

## 나카소네와 강도아, 발릭파판에 대한 두 개의 기억

1982년부터 1987년까지 일본 총리를 지낸 나카소네 야스히로中曾根康弘는 직접 집필한 전쟁체험기에서 인도네시아 발릭파판에 위안소를 설치했던 일을 자랑삼아 밝힌 적이 있었다. 이 사실은 일본군 '위안부' 문제가 수면 위로 떠오른 1990년대에 드러나 주목을 받았다.

### "부대원 위해 위안소설치" 나카소네, 버젓이 자랑

#### 해군중위 복무경험 78년 출판 전쟁체험기서 밝혀

나카소네 야스히로 전 일본 총리가 태평양전쟁 때 해군중위로 복무하면서 자신이 부대원들을 위해 위안소를 설치했다고 밝힌 전쟁체험기가 발견됐다.

나카소네 전 총리는 지난 78년 출판된 〈끝나지 않은 해군〉(문카방송개발센터 출판부)에 실려 있는 체험기에서 23살의 나이에 필리핀·인도네시아 공병대 경리장교로서 3천명의 대부대를 지휘하며 겪은 상황을 기술하면서 당시 위안소를 만든 사실을 자랑 비슷하게 밝히고 있다.

이 전쟁체험기는 '일본의 전쟁책임 자료센터'가 지난 93년 10월부터 옛 일본군 관계자의 전쟁체험기와 부대사 등을 조사하는 과정에서 나온 것이다.

그는 9쪽짜리 이 글 마지막 대목에서 "3천명에 이르는 대부대였다. 얼마 되지 않아 원주민여자를 습격하거나 도박에 빠지는 사람도 생겼다. 나는 그런 그들을 위해 고심 끝에 위안소를 만들어 준 적도 있다"고 적고 있다.

그의 이런 언급은 위안부 동원이 일본군의 강간과 성병만연 방지를 위해 이루어졌다는 지적을 뒷받침하는 것이다. 태평양전쟁 때 일본 육·해군의 경리장교는 군의·헌병 등과 함께 위안소설치 등 일본군 위안부문제에 깊이 관여한 것으로 알려졌다.

도쿄제국대학 법학부를 졸업해 내무성에 들어가 해군에 지원했던 나카소네 전 총리는 체험기에서 41년 태평양전쟁때 필리핀 민다나오 섬과 인도네시아 보루네오 섬 등 전선으로 배치돼 비행장 건설을 위한 식량·자재·탄약조달 등의 업무를 지휘했다고 밝혔다.

그는 사회당이 중심이 돼 추진했던 국회 사죄·부전결의를 반대했고 80년대 중반 총리 재임시절에는 야스쿠니신사 공식참배, 패전의 역사관 타파 및 일본의 주체성 확립 등을 주장했다. 도쿄 / 연합

∧

나카소네 전 총리의 발릭파판 위안소 설치 경험을 보도한 신문기사.
《한겨레신문》 1995년 7월 20일 보도.

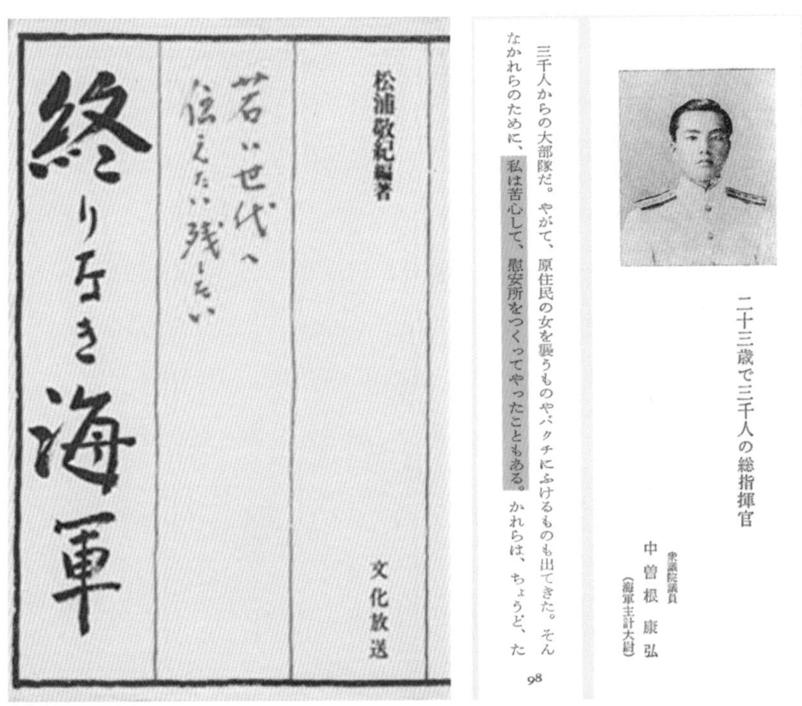

終りなき海軍

若い世代へ伝えたい残したい

松浦敬紀編著

文化放送

二十三歳で三千人の総指揮官

衆議院議員
中曽根康弘
（海軍主計大尉）

三千人からの大部隊だ。やがて、原住民の女を襲うものやバクチにふけるものも出てきた。そんなかれらのために、私は苦心して、慰安所をつくってやったこともある。かれらは、ちょうど、た

98

^

나카소네 전 총리의 체험기가 포함된 전쟁회상록 《끝나지 않은 해군終わらない海軍》(松浦敬紀 編, 1978, 文化放送).[4] 해당 내용은 다음과 같다. "3,000명 이상의 대부대였다. 얼마 되지 않아 원주민 여자를 습격하거나 도박에 빠지는 사람도 나왔다. 나는 그런 그들을 위해 고심 끝에 위안소를 만들어준 적도 있다."

나카소네 전 총리는 1918년 군마현에서 태어나 도쿄제국대학을 졸업하고 해군경리학교를 나와 해군 회계중위가 되었다. 나카소네가 근무했던 항공기지 제2설영반은 1941년 11월 9일 편성된 것으로, 필리핀 민다나오섬의 다바오와 인도네시아 보르네오섬의 발릭파판에 상륙했다. 나카소네는 경리장교로서 비행장과 거주설비의 정비를 담당하고 위안소도 만들었다. 그러나 2007년 3월 23일 외국인특파원협회 기자회견장에서 "오락시설이나 휴게소는 만들었지만 위안소는 설치하지 않았다"고 부정했다. 2009년 11월에는 발릭파판의 위안소에서 피해를 입은 인도네시아 피해 여성이 면담을 요청했으나 독감에 걸렸다는 이유로 거절했다.[5] 2017년 12월 현재 나카소네 전 총리는 자신이 설치했던 위안소에서 피해를 입은 여성들에 대한 사과 한마디 없이 100세를 맞고 있다.

## 인도네시아 보르네오섬 발릭파판의 위안소

∧
발릭파판 위안소 '위안부'가 되었던 여성들. 뒷줄 왼쪽에서 두 번째 남성(사진의 얼굴을 긁어놓은 남성)이 업주였다고 한다.[6]

위안소에는 군인군속 할 것 없이 대부분의 사람들이 놀러 갔다. 위안소에도 계급에 따른 차별이 있었다. 군인군속의 고등관 대우자는 장교 클럽에서 일본 내지의 '창부娼婦'가 상대해주었다. 하사관 이하는 대만과 조선 출신의 여성이 있는 '월명장月明莊'과 현지인과 네덜란드 혼혈 여성이 있는 '계림장桂林莊', '천조장千鳥莊'에 갔다.

일본군 군속 출신인 어느 대만인은 1981년에 발간한 회고록에서 발릭파판에서 보고 들은 위안소에 대해 기록하고 위안소의 위치가 표기된 지도를 삽입하였다. 지도에 월명관月明館이라고 표기된 곳이 조선인 출신 '위안부'가 있던 위안소였다고 한다. 회고 내용은 위와 같다.[7]

## 〈남방조선출신자명부〉에 실린 강도아

전쟁 시기 인도네시아에 강제동원 되었던 피해자가 소장하고 있던 〈남방조선출신자명부〉에는 강도아의 이름과 인적사항이 포함되어 있었다. 이 명부는 소장자가 작성했던 것으로 그 표지에 '1946년 남방조선출신자명부 보르네오 발릭파판'이라고 적혀 있다. 소장자가 이미 별세했기 때문에 작성 배경에 대해서는 정확히 알 수 없으나, 1946년 귀환 시점에서 발릭파판에 동원되었던 조선 출신자들의 이름을 기록해놓은 것으로 추측된다. 전체 15쪽으로, 117명이 기록되어 있다.

1946년 〈남방조선출신자명부〉 표지.[8]

이 가운데 강도아의 이름은 '제102연료창' 소속으로 남자 4명, 여자 12명이 기재된 부분에서 발견된다. 남자 중 2명은 군속 동원자이고, 2명은 위안소 관리인의 가족으로 보인다. '제102연료창' 소속으로서 위안소 관계자로 보이는 14명의 이름은 다음의 표와 같다.[9] 일본 이름이 '강송자姜松子'라고 기재되어 있었던 강도아는 명부대로라면 '마츠코'라고 불려야 했으나, 스스로는 '도미코'라는 이름으로 불렸다고 기억했다.

| 연번 | 일본이름 | 본적 | 유수택 담당자 | 유수택 관계 | 본명 | 생년월일 |
|---|---|---|---|---|---|---|
| 1 | 이춘지<br>李春枝 | 경남 사천군<br>사천면 | | | 이필□ | 15.11.3 |
| 2 | 인본히로코<br>仁本ヒロ子 | 경북 김천군<br>감천면 광기동 | | | 김순□ | |
| 3 | 삼원영자<br>三原英子 | 경북 안동군<br>안동읍 태사정 | | | 권옥□ | 22.2.8 |
| 4 | 박연자<br>朴年子 | 전북 정읍군<br>흥덕면 흥덕리 | | | 박명□ | 16.4.15 |
| 5 | 금의대자<br>金義代子 | 경남 산청군<br>단성면 성내리 | | | 김분□ | 21.7.30 |
| 6 | 강송자<br>姜松子 | 경남 하동군<br>초계면 혜심리 | | | 강도아 | 23 |
| 7 | 강산낭자<br>岡山郎子 | 경남 하동군<br>하동읍 | | | 강봉□ | 23.7.27 |
| 8 | 야촌수자<br>野村秀子 | 경남 하동군<br>옥중면 원기리 | | | 강갑□ | 24.3.3 |
| 9 | 송산군자<br>松山君子 | 경남 하동군<br>하동읍 동해양촌 | | | 이삼□ | 23.1.8 |
| 10 | 무촌영자<br>茂村映子 | 경남 사천군<br>사천면 화전리 | | | 이옥□ | 23.11.16 |
| 11 | 김애자<br>金愛子 | 경북 경산군<br>경산면 수산동 | | | 김봉□ | 23.8.13? |
| 12 | 금천순자<br>金川純子 | 평북 의주군<br>고성면 용산동 | 臺北市 建成町<br>金川源 | 夫 | 장덕□ | 10.6.14. |
| 13 | 금천원<br>金川源 | 평북 의주군<br>고성면 용산동 | 臺北市 建成町<br>金川芳雄 | 장남 | 김용학 | 40세 |
| 14 | 금천학□<br>金川鶴□ | 평북 의주군<br>고성면 용산동 | 臺北市 建成町<br>金川源 | 父 | 김학□ | 41.7.3 |

### 전쟁이 끝나자 일본 사람들은 없어져버렸다

“그때 ‘대동아전쟁’이 나서 위에서 폭력을 때리더라. 윗도리고 아랫도리고 싹 다 벗어버리고 ‘빤스’만 입고 종일 풀밭에 가서 기었다. 풀밭에서 숨으려고 딱 엎드려서 기었다.

전쟁이 끝날 때쯤 간호복을 입으라고 해서 입었다. 어디서 그런 것을 가지고 왔는지 모르겠는데, 흰 옷 입고 모자도 썼다. 주인들이 우리가 거기에 와서 있는 줄 알면 안 된다고 입으라고 했다. ‘몸이나 팔고 그런 거 하러 와서 있는 줄 알면 안 된다’는 거라. 그 사람들, 연합군한테 잡히면 맞아죽는다고 했다. 사람으로 취급 안 하게 되어 있으니까 입으라고. 간호원이면 주사를 놔보라고 했다. 들통은 나지 않았다. 주사를 놓을 수 있는 사람이 있었다. 그런 사람 몇을 앞에 세우고 우리는 뒤에 줄을 섰다.

전쟁에 손들었다 해서 해방된 것을 알았다. 주인도 어느 날 없어졌다. 언제 없어졌는지 불도 꺼버리고, 말도 없고, 어디로 사라졌는지 없더라. 해방되고 나서는 일본 사람들은 어디로 가버렸는지 없어졌다. 부려먹기는 부려먹고. 일본이 지고 나니까 어떻게 된 것인지, 자기들끼리 다 가버렸다. 폭탄 맞아 그 집도 없어져버렸다. 폭탄이 떨어져 전쟁 바닥이 되어버렸는데 워낙 있던 집은 없어져버렸지.

나는 미군들한테 겁이 나서 인도인 집에 가 있었다. 오라고 하기는 했다. 밤이고 낮이고 미군들이 ‘쪼깐한 것’, 나를 찾았다. 세상만사 귀찮고 겁도 나서 불러도 못 가겠는 거라. 미군들이 쭉 올라와 갖고 그때도 "쪼깐한 애 오라"고 했다. 건빵 같은 것, 자기네들 먹던 초콜릿도 줘서 얻어먹고. 그래서 먹을 것을 얻어 오면 사람들이랑 갈라 먹고 그랬다.

인도 사람하고 같이 살다가 나왔다. 함부로 나가면 안 된다고, 나가지 말고 가만히 있으라고. 요냐가, 여자가, 인도말로 그랬다. 인도 사람들한테 양푼이도 타 먹고 따라 다니면서 그 사람들 먹는 것 봐서 우리도 따 먹고 그러면서 견뎠다. 한 7, 8개월 있었는가.”

**돌아온 뒤에도 고생은 계속되고**

“나올 때는 배가 어느 시에 있다, 인도 사람들이 말해줬다. 배 선장 보고 나 좀 태워달라고 하니까 배가 부산으로 간다고 했다. 그리고 아무 날 아무 시간에 나오면 탄다고 했다. 오는데 뭐 검사한다고 행장 내놓으라고 했다. 돈은 한 닢도 없어서 내놓지 못했다. 배에 여자들은 별로 없고 남자들이 많았다.

꼬박 한 달 걸려 부산에 도착했다. 그런데 호열자(콜레라) 때문에 부산에는 배를 못 대고 인천에 댔다. 인천에 와서 내렸지. 인천에 와서 돈도 없고 아무것도 없어서 남의 집에 그릇도 씻어줘 보고 얻어먹고 있었다. 그래저래 돈을 모아 가지고 집에 오다가 또 돈이 떨어지면 차에서 내려서 이집 저집에서 일을 해주었다.

그렇게 고향에 와서 보니까 부모형제는 "돈 부쳐준다더만 죽었는가 살았는가 흔적도 몰랐다" 하고. 내가 글도 몰라서 편지도 안 했다. 계속 소식이 없으니 어디서 죽었는가 싶어 제사를 지냈다고 했다. 그 소리만 들었다. 그 뒤로는 생선 장사를 했다. 형편이 그러니 할 수밖에. 부모형제도 살려야 하고 첫째는 나도 먹고 살아야 하고. 결혼은 하지 않았다. 그 짓을 하고 나와서 무슨 결혼을 할 수 있겠는가. 그저 영감 하나 만나 살았는데 그 영감도 이제는 죽었다. ❞

보르네오島서
同胞千名歸還

「보르네오」도로부터우리동포九백四십七명을실은 미국수송선(달시포리안)호는 지난十一일에인천항에입항하엿는데동포는방역관게로 아직상륙치못하고있다 지금재류하고있는동포인원수는 각지별로다음과갈다 세레베스도一백十三명 마ㅣ카다서도一백八十三명 사란다一백三十三명 할바에라도기타一백八十七명「仁川전화합동」

^
보르네오섬에서 돌아온 미국 수송선이 인천항에 입항하였는데 방역 관계로 상륙치 못하고 있다는 소식을 전하는 신문기사이다.[10] 1946년 6월 11일에 입항했는데, 이 배에 강도아가 탔던 것으로 보인다.

*

강도아의 이야기는 다음 참고문헌의 내용을 인용, 요약, 정리했다.


- 강도아 구술, 강정숙 정리, 〈부록 9-2 강도아〉, 《인도네시아 동원 여성명부에 관한 진상조사》, 일제강점하 강제동원피해 진상규명위원회, 2009.
- 강도아 구술, 강정숙 면담, 〈상상을 해봐야 마음에 병만 되지, 싹 물에 떠나보내고 속을 훑어냈다〉, 《일본군위안부 피해 구술기록집: 열두 소녀의 이야기 들리나요?》, 대일항쟁기 강제동원피해
- 조사 및 국외 강제동원희생자 등 지원위원회, 2013.

# 만주 동녕 석문자에<br>버려지다

이수단

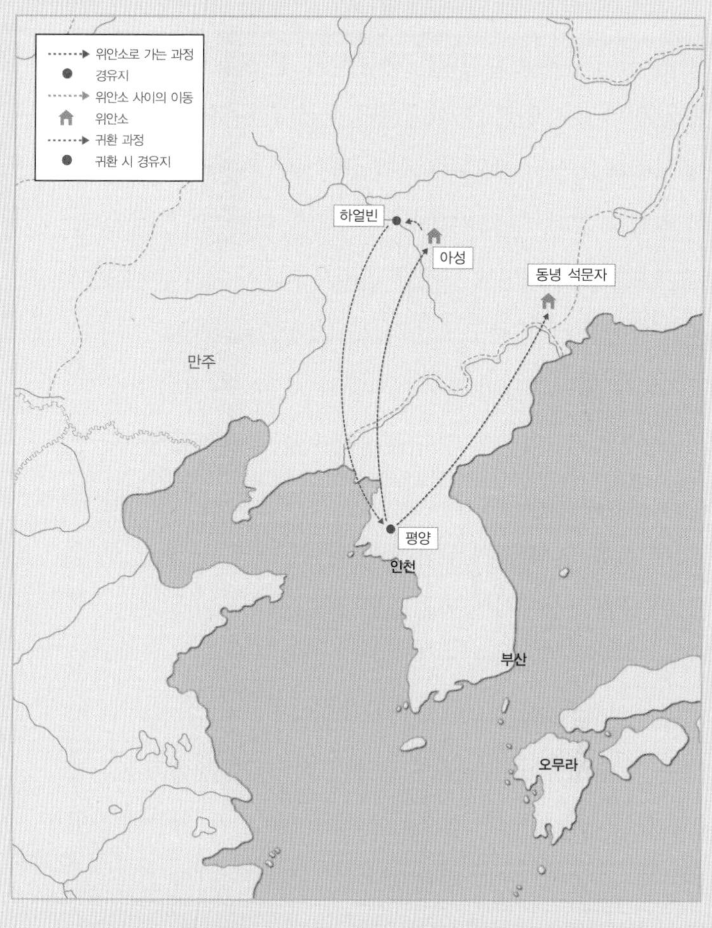
위안소로 가는 과정
경유지
위안소 사이의 이동
위안소
귀환 과정
귀환 시 경유지
하얼빈
아성
동녕 석문자
만주
평양
인천
부산
오무라

이수단의 이동경로

## 중국인도
## 조선인도 아닌

1994년 중국 무한武漢 지역을 방문하여 현지의 '위안부' 생존 여성들을 만나고 증언집[1]을 펴낸 한국정신대연구소는 이후에도 국외에 거주하고 있는 생존자들의 소식을 수소문했다. 1997년 캄보디아에 살고 있던 이남이(일명 훈 할머니)의 이야기가 언론을 통해 대대적으로 보도되었고 동시에 피해자 지원단체의 존재도 국내외에 알려졌다. 마침 중국에서 각지로 자전거로 여행을 하며 항일운동자료를 모으고 있던 조선족 강용권 선생이 현지의 '위안부' 피해자들을 만나고 있었다. 강용권 선생은 중국 흑룡강성 목단강시 동녕현에 살고 있는 이수단, 김순옥, 지돌이 등의 이야기를 나눔의 집에 전했고, 이 소식을 알게 된 한국정신대연구소는 할 수 있는 모든 방법을 동원하여 이들을 만나러 갔다.

이수단, 김순옥, 지돌이는 모두 중국 흑룡강성黑龍江省 목단강시牧丹江市 동녕현東寧縣 석문자石門子의 위안소에서 '위안부' 생활을 강요받다가 해방이 된 뒤에도 고향에 돌아가지 못하고 현지에서 살고 있던 생존자였다. 김순옥과 지돌이는 같은 위안소에 있었으며, 이수단은 그 근처 위안소에 있었다. 이수단과 김순옥은 '위안부' 생활을 할 때부터 서로 알고 있던 사이였다. 김순옥은 한국정신대연구소 조사팀(이하 조사팀)과 면담하면서 석문자 위안소에 끌려왔던 또 다른 생존자인 이광자의 존재도 알려주었다. 이들은 거친 생활에 떠밀려 자주 왕래하는 사이는 아니었지만 서로의 과거를 보듬고 가끔이라도 소식을 챙기면서 현지의 삶을 꾸려가고 있었다.

1998년 3월에 이어 2001년 8월 조사팀이 다시 이수단을 찾아갔을 때, 경로당에 살고 있던 이수단은 수줍은 듯 엷은 미소를 띠고 조사팀을 맞았다고 한다. 한국말을 알아듣되 하고 싶은 말을 하는 데에는 어려움을 겪었고, 이 때문에 무척 답답해했다고 한다. "말이라도 시원하게 토해낼 수 있다면 그래도 이렇게까지 답답하지 않을 텐데"라고 하면서 중국말도 한국말도 다 잘 못하는 상태를 답답해했다는 것이다. 이수단은 자신이 중국인도 조선인도 아니라며 소리 없이 눈물만 지었다고 한다.[2]

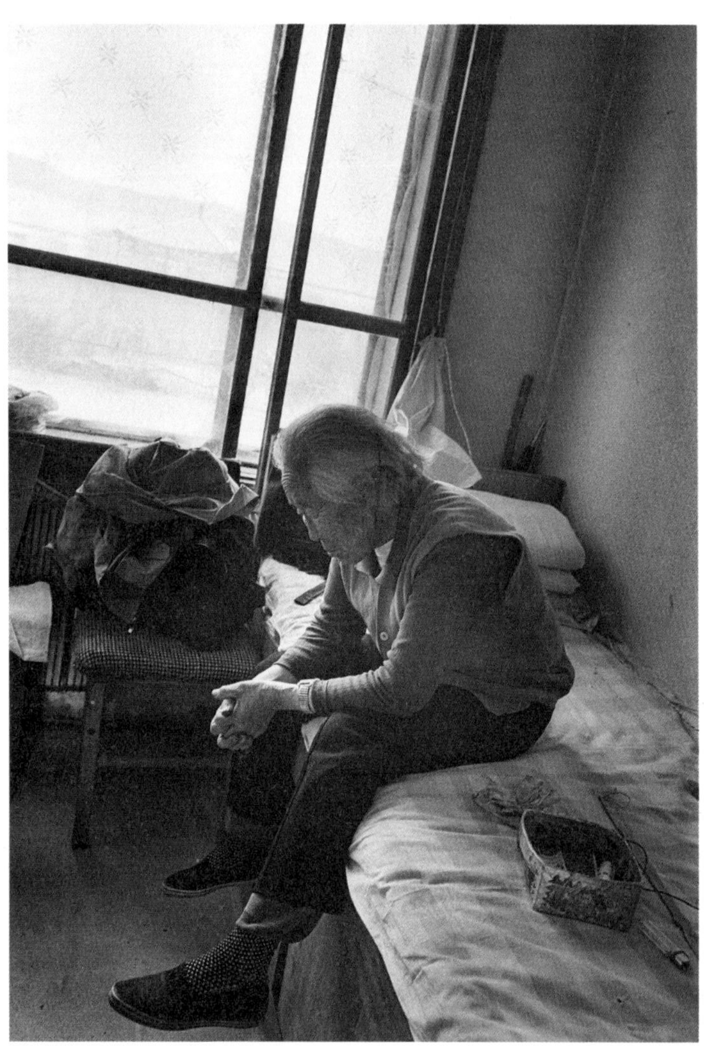

2003년 사진작가 안세홍이 중국 흑룡강성 목단강시 동녕현 도하진道河镇에 있는 경로당을 방문했을 때 이수단을 다시 만났다.[3]

### 남편도 가출하고 딸도 잃고

"1922년에 태어나 개띠이다. 어려서는 평안남도 숙천군에서 살다가 평양 근처 농촌으로 나와 살았다. 땅이 없어서 아버지는 소작 농사를 지었고 어머니는 몸이 약해 자주 아팠다. 아버지의 첫 부인은 딸을 데리고 친정으로 가버렸고, 나의 어머니는 두 번째 부인이었다. 어머니가 딸만 낳아 또 쫓겨나고 아버지는 셋째 부인을 얻었다.

평안남도 평원군 송촌이란 곳에서 겨우 한 달 정도 일본학교를 다니다가 말았다. 그래도 그 덕분에 글씨를 알았고 공장에서 일을 할 수도 있었다. 열한 살 때부터 열세 살 때까지 일본 사람 집에 가서 애를 돌보는 일을 하기도 하였다. 열세 살 때 물동이를 메고 가다가 월경이 시작되어 깜짝 놀라고 무서워서 울기도 하였다. 그렇게 나는 바보였다.

엄마 병 때문에 나는 열네 살에 열여덟 살이나 더 많은 데릴사위를 얻어 혼인하였다. 너무 오래된 일이라 다 잊어버렸지만 아무튼 남편이란 관념도 없었다. 결국 남편은 나를 버리고 온다간다 말도 없이 어디론가 나가버렸다.

열여섯 살에 딸을 낳았으나 아이가 세 살쯤에 병들어 죽었다. 나는 친정으로 돌아왔고 3년간 소식도 몰랐던 남편과는 당시 법에 따라 자동이혼이 되었다. 정작 버림받은 사람은 나라고 생각한다."

### 만주 공장에 일하러 간다고 했다

"그때 엄마는 아팠다. 내가 일본인 공장에 밥도 해다 주고 이것저것 잡일도 하면서 근근이 지냈다. 그 공장이 어떤 공장인지, 뭘 만드는지 등은 잘 몰랐다. 그저 비밀스럽게 일하는 곳이라고만 생각했다.

일찍 결혼해 아이를 낳고 살고 있는 언니 집에서 엄마랑 함께 살 때였다. 1940년 열아홉 살 때 4, 50대로 보이는 조선 남자가 만주에 있는 공장에 가서 일하면 돈을 많이 벌 수 있다고 했다. 우리 동네의 사정을 잘 알고 있는 사람으로, 친일파 끄나풀 같은 사람이었다. "만주 공장에 가면 돈도 벌 수 있다", "돈도 주고 옷도 주고 할 것이다"며 나를 속였다.

돈 480원에 그 사람한테 팔렸다. 조선 여자 세 명이 함께 기차를 타고 중국 흑룡강성 아성阿城으로 갔다. 우리를 데려갔던 조선인 남자는 바로 돌아갔다. 그곳에서 처음 만난 군인은 군복을 입고 칼을 차고 있어 무서웠다. 처음에는 도망치려고 했다. 그러나 바로 잡혀 뺨을 얻어맞았다. 한번은 열세 살짜리 여자아이와 같이 도망쳤는데 걷기도 힘들었다. 어느 집에서 도망친 여자 형제 이야기를 듣기도 했다."

### 흑룡강성 하얼빈의 아성 위안소

"처음 간 아성 위안소는 아성역에서 가까운 곳이었다. 주인은 일본인 부부였다. 위안소에서 군표를 받았고 장부도 써서 주인과 맞춰보기도 했다. 그때 나는 일본말을 곧잘 했고 일본글과 조선글도 조금은 했다. 그래서 그때는 일본 군인과 말도 통했다. 매달 주인과 4대 6으로 계산했다. 군표를 잊어버려 매를 맞은 적도 있었다.

위안소는 2층집이었다. 한자로 쓰인 간판이 있었지만 뭐라고 쓰여 있었는지는 기억이 나지 않는다. 방에 구들이 있고 나무로 기둥을 박아서 그 위에 다시 나무를 편 다음 다다미를 놓았다. 복도에는 페치카로 난방을 했다.

그곳에는 조선 여자들만 있었다. 다른 곳에 일반인도 다니는 유곽이 있었지만 이곳에는 군인들만 왔다. 하루에 보통 여덟 명에서 열 명 정도의 군인이 왔고 많을 때는 스무 명도 왔다. 군인들은 주인이 파는 콘돔을 사와야 했다. 군인 위문공연을 간 적도 있었다. 주인이 모든 여자들을 데리고 부대로 갔다. 돈을 따로 받지는 않았다.

조선옷은 없었다. 여름에는 기모노를 입었고 겨울에는 솜옷을 사 입었다. 상인들은 오지 않았고 다 주인에게서 사야 했다. 점차 추위에도 익숙해져서 잘 견뎠다. 외부 출입이 허락되었을 때는 가까운 역 앞에 가서 채소도 살 수 있었다. 돈을 잘 쓰는 사람도 있었지만 나는 빨리 풀려나 돌아가려고 돈을 하나도 쓸 수 없었다.

아침 7시 전후와 오후 5시 전후, 하루 두 끼를 먹었다. 식사 때는 붉은 수수밥을 겨우 먹을 정도여서 늘 배가 고팠다. 주린 배를 채우려고 김치울에 들어가서 무를 훔쳐 먹다 주인에게 들킨 적도 있었다. 여자들 열아홉 명이 채찍으로 몰매를 맞았는데 정말 아프고 괴로웠다. 군인들이 식판에 남은 밥을 가져다주면 얻어먹기도 하였다. 어떤 때는 여기에 풀을 뜯어 넣고 죽을 끓여 먹었다.”

>

1992년 1월 일본의 시민단체들은 '종군위안부 110번'이라는 핫라인을 만들고 일본군 '위안부' 피해에 관한 제보를 받았다. 그 내용을 토대로 1992년 6월 증언집을 발간했는데 그 가운데 관동군 중포병으로 입대했던 일본군 출신 남성이 제보한 아성 지역 조선인 '위안부'에 관한 내용이 포함되어 있다.

관동군 중포병으로서 아성중포병연대阿城重砲兵連隊 제7중대에 입대했다. 만주인 위안부도 있었지만 조선인 위안부에 비해서 불결했기 때문에 조선인 위안부에게만 갔다. 15명 정도였는데 미인이 많았다. 2년 정도 월 1회 갔는데 위안부와 가까워지고 그들의 배경을 들으면서 우리들도 동정하고 있었다. 그들은 자신들이 일본에서 말하는 예기의 견습으로서 기생학교에 가고 있는 것을 황군 위문을 위한다는 말로 끌려온 것이다. 2년이 되었다면서 울면서 말을 했다. 내가 22세였으니까 18세, 19세 정도였을 것이었다고 생각한다.[4]

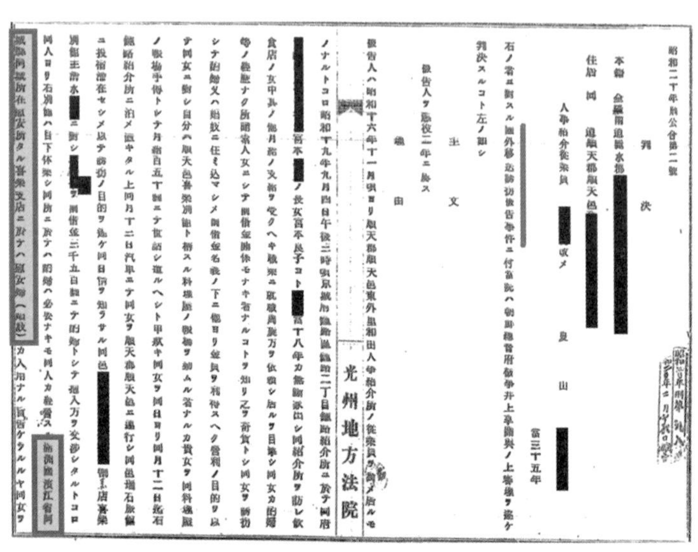
昭和二十年刑公合第二號

判　決

本籍　全羅南道麗水郡■■■
住居　同　道順天郡順天邑■■■
人事紹介從業員　■■事　夏山　■■　當三十五年

右ノ者ニ對スル國外移送誘拐被告事件ニ付當院ハ朝鮮總督府検事井上車[illegible]與ノ上審理ヲ遂ケ
判決スルコト左ノ如シ

主　文

被告人ヲ懲役二年ニ處ス

理　由

被告人ハ昭和十六年十一月頃ヨリ順天郡順天邑東外里和田人事紹介所ノ從業員トシテ勤メ居ルモノナルトコロ昭和十九年九月四日午後二時頃京城府鍾路區鍾路二丁目鍾路紹介所ニ於テ同府■■■宮本■■ノ長女宮本良子コト■■當十八年カ無断家出シ同紹介所ヲ訪レ飲食店ノ女中其ノ他月給ノ支給ヲ受クヘキ職業ニ就職周旋方ヲ依頼シ居ルヲ目撃シ同女カ酌婦等ノ經驗ナク所謂素人女ニシテ前借金關係モナキ者ナルコトヲ知リ之ヲ奇貨トシ同女ヲ誘拐シテ酌婦又ハ娼妓ニ住ミ込マシメ前借金名義ノ下ニ他ヨリ金員ヲ利得スヘク營利ノ目的ヲ以テ同女ニ對シ自分ハ順天邑喜樂別館ト稱スル料理店ノ被傭者ナルカ貴女ヲ同料理店ノ帳場手傳トシテ月給百五十圓ニテ世話シ遣ルヘシト申欺キ同女ヲ同日ヨリ同月十二日迄右鍾路紹介所ニ泊メ置キタル上同月十二日汽車ニテ同女ヲ順天郡順天邑ニ連行シ同邑增石旅館ニ投宿滯在セシメ以テ誘拐ノ目的ヲ遂ケ同日情ヲ知ラサル同邑■■■料理店喜樂別館主清水■■ニ對シ■■ヲ前借金三千五百圓ニテ酌婦トシテ雇入方ヲ交渉シタルトコロ同人ヨリ右別館ハ目下休業シ同所ニ於テハ酌婦ハ必要ナキモ同人カ經營スル滿洲國濱江省阿城縣阿城所在慰安所タル喜樂支店ニ於テハ慰安婦（娼妓）カ入用ナル旨告ケラルルヤ同女ヲ

光州地方法院

^

만주 아성阿城 소재 위안소 희락지점喜樂支店의 존재를 보여주는 판결문이다.[5] 1944년 9월, 전남 순천의 인사소개소 종업원으로 있는 창씨명 나츠야마ㅇㅇ(夏山ㅇㅇ)는 당시 17세인 창씨명 미야모토 료코宮本良子를 속여 아성의 위안소에 '위안부'로 3,500원에 매매하려다가 실패하고 국외이송유괴죄로 재판을 받았다. 위안소 희락지점은 전남 순천에 거주하면서 요리점 희락별관喜樂別館을 운영했던 일본인 시미즈ㅇㅇ(清水ㅇㅇ)가 만주국 빈강성濱江省 아성현阿城縣에 개설했던 것이었다. 1945년 2월 광주지방법원에서 열린 공판에서 피고인은 징역 2년을 언도받았다.

### 집으로 돌아왔으나 다시 동녕 석문자 위안소로

"2년 정도 아성에 있다가 빚을 다 갚고 스물한 살이 되는 1942년 봄에 평양 언니네로 돌아갔다. 기차 타고 하얼빈에 가서 하루 묵은 후 기차를 갈아타고 평양으로 갔다. 나 혼자였고 아성에 같이 갔던 여자들은 이후 만난 적도 없고 어떻게 되었는지 전혀 모른다. 돌아와 보니 어머니가 이미 돌아가시고 안 계셨다. 언니와 편지할 때 그런 이야기는 없었는데 집에 가서야 그 사실을 알았다. 어머니가 보고 싶어 갔는데 어머니는 없었다.

살길이 없어 두세 달도 안 돼 석문자 위안소로 다시 갔다. 200원 정도 받고 나 스스로 팔려갔다. 그 돈만 있으면 다른 식구들이 잘 살 수 있다고 생각했다. 계모가 집을 사는 데 돈이 필요하다고 하여 돈을 부친 적도 있었다. 나중에 언니가, 계모가 집은 사지 않고 그냥 다 써버리니 돈을 부치지 말라고 편지했다.

처음에 아성으로 데리고 간 남자가 나를 다시 석문자로 데리고 갔다. 석문자에는 주인 겸 관리인으로 마흔 살이 넘은 기생 출신 조선인 여자가 있었다. 나를 데리고 간 남자가 그 여자의 삼촌이었고 위안소에서 출납과 회계를 관리했다. 그 두 사람뿐 다른 가족은 없었다. 주인여자는 어찌나 독했는지 삼촌도 부려먹었을

뿐만 아니라 여자들이 딸아이를 낳으면 그 애도 '위안부'를 만들겠다고 했다. 그래서 여자아이 낳기를 바라기까지 했다.

군인을 상대하는 것은 아성 위안소와 별반 차이가 없었고 주인만 달랐다. 식사와 목욕 등 생활은 석문자 위안소가 좀 나은 편이어서 배고픈 적은 없었다. 중국인 관리인이 물도 긷고 밥도 해주었다. 양철지붕에 흙으로 지은 단층집이었는데 중간에 복도가 있고 양쪽으로 방이 8개 있었다. 아성 위안소보다는 작았다. 여자들은 10여 명 있었는데 그곳에서 3년이 안 되게 있었다.

군인들은 한 시간에 2원 50전씩 표를 사서 왔다. 표를 받아 모아서 주인에게 줬다. 긴 밤을 자는 장교들은 8원을 냈다. 술이나 음식은 팔지 않았지만 장교들은 자신이 술이나 과일을 가져오기도 했다. 군인들은 오전에 말단 졸병, 오후에 중간 계급, 밤에는 장교로 나누어 왔다. 군인들도 마음대로 오는 것이 아니라 이번은 이 부대, 다음에는 저 부대 식으로 일정한 날 배정을 받아서 왔고 몇 군데 위안소에 골고루 배치를 받았다. 군대는 많고 여자는 적었기 때문이다. 위안소에서 조선인 군인은 본 적이 없다. 그리고 일본인 위안부들은 다른 집에 따로 있었다.

일주일에 한 번씩 군인병원에 가서 성병 검사를 했다. 석문자에서 병이 나서 군의관에게 진찰도 받고 치료도 받았다. 병이 나면 주인에게 병원비를 빌려 내고 치료한 후 갚아야 했다. 1, 2개월 정도 아프고 열흘 이상 입원하기도 했는데 무슨 병인지는 몰랐다. 퇴원 후에도 약을 먹었다. 나는 임신한 적은 한 번도 없다. 이유는 모른다. 가장 힘든 것은 군인들을 대하는 것이었고 이후에도 사람 취급을 받지 못하는 게 정말 괴로웠다. 마유미, 히사코, 키코에 등 같이 간 친구들 중 키코에는 광복 후에 난산으로 병원에서 죽었다. 히사코는 지금의 지돌이이다.

처음에는 나를 속이고 데리고 온 남자에 대해 많이 미워하고 원망도 했다. 그러나 어쩌겠는가. 두 번째는 아무 생각조차 할 것이 없었다. 나는 열아홉 살, 스물한 살 이렇게 두 차례에 거쳐 5, 6년간 위안소 생활을 한 것이다. 스물네 살 때쯤인 1945년 소련군이 들어왔고 사변이 났다.”

^

중국 흑룡강성 목단강시 동녕현 소재 위안소 터이다. 아래는 '위안부'들이 사용했던 방이다. 1992년 니시노 루미코西野瑠美子 촬영.[6]

## 석문자의 다른
## 조선인 '위안부' 피해자들

**김순옥**__중국에서 사용한 이름은 김숙란이다. 1922년 평안남도 평양에서 태어나 자랐다. 1942년 또는 1943년에 중국 목단강시 동녕으로 끌려왔다. 공장 가서 돈을 벌 수 있다는 조선 남자의 말에 속아 서른 명에서 마흔 명 되는 여자들과 함께 왔다. 평양에서 여자들을 데리고 온 남자가 위안소의 관리인이었다.

장교의 아이를 임신하고 장교가 빚을 갚아주어 위안소에서 나올 수 있었다. 다른 마을에 가서 아이를 낳고 중국 사람에게 주었다. 집으로 돌아갈까 말까 고민을 하다 석문자로 갔다. 석문자는 조그마한 촌이었고 부대가 많았다. 일본 남자와 조선 여자가 관리하는 위안소에 들어갔다. 지돌이와 같은 집에 있었고 이수단은 앞집에 있었다.

군의관의 눈에 들어 다시 임신을 했다. '위안부'를 그만두고 주인집에 있다가 아이를 낳아 주인한테 주었는데 아이는 다섯 달 만에 죽었다. 소련군이 들어오고 일본군이 철수하고 난리가 나면서 피난을 갔다. 기요코하고 마유미는 죽고, 가장 나이 어렸던 이광자는 조선 사람 집에 줬다.

석문자에 다시 가고 싶었지만 조선 여자들이 맞아죽었다는 소문이 들렸다. 중국인 집에 숨어 지내다가 일본군이 모두 달아나고 중국군이 들어온 뒤에 동녕에서 중국 사람과 결혼해 살았다. 2006년 12월 영구 귀국했으며 2017년 12월 현재 경기도 광주시 퇴촌면 나눔의 집에서 생활하고 있다.

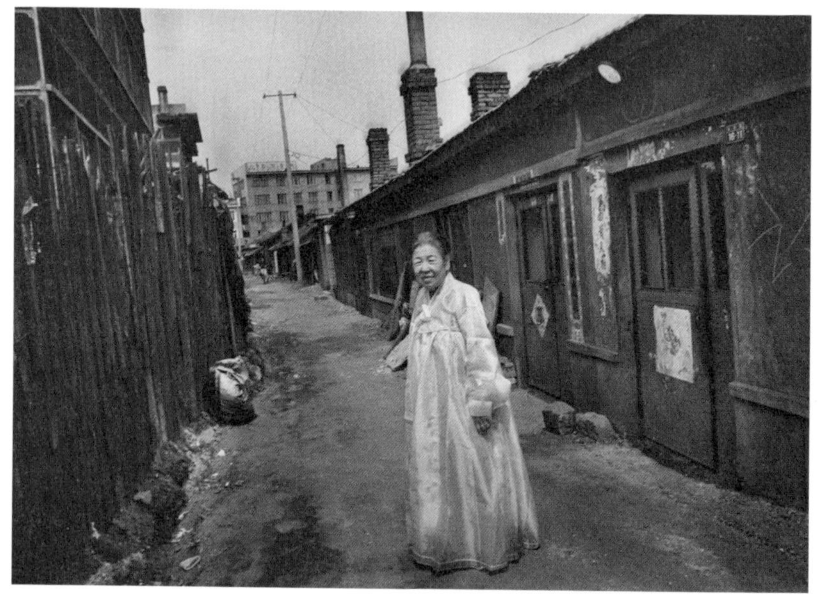

∧
목단강에 사는 딸에게서 선물 받은 한복을 입고 동녕 집 앞에서 포즈를 취한 김순옥. 김순옥은 한복 입고 사진 박히는 것이 소원이라면서 안세홍 작가에게 사진을 찍어달라고 요청하였다.[7]

**지돌이**__남들이 부른 이름은 지돌이, 자신이 쓴 이름은 지석이池石伊, 중국에서 부른 이름은 지계란池桂蘭이다. 1923년 경북 경주군 안강면에서 태어나 자랐다. 열여덟 살 때 결혼해서 일본에서 살다가 남편이 징병으로 끌려가면서 다시 조선으로 돌아와 친정으로 갔다. 1945년 3월 공장 일꾼을 모집한다는 사람들을 믿고 서른 살 정도 되는 조선 여자를 따라서 기차를 타고 중국으로 들어왔다. 동녕에서 내려 버스 타고 석문자로 왔다. 나를 데리고 온 여자가 위안소를 관리하는 일본 남자의 첩이었다. 석문자에 와서 김순옥을 봤다. 나는 그저 집에서 엎드려 울기만 했다. 집 밖을 나와 다니지를 않아서 아무것도 몰랐다.

광복이 될 때 나는 피난을 갔다. 일본 남자는 군대로 다시 들어가고 주인여자는 우리와 함께 위안소에서 멀지 않은 곳까지 갔다가 사라졌다. 사람들과 떨어지게 되면서 혼자서는 살 수가 없었으니까 중국 남자에게 시집을 갔다. 조선에 돌아가고 싶어도 돌아갈 방도가 없었다.

'위안부' 피해여성 지돌이가 2002년 7월 31일 수요시위에 참석하여 발언을 하고 있다.[8] 지돌이는 1999년 한국을 방문하여 부산에 사는 남동생과 상봉하였다. 2000년 6월 영구 귀국했으며 경기도 광주시 퇴촌면 나눔의 집에서 생활하다가 2008년 작고했다.

**이광자**__1928년 일본 도쿄東京에서 태어났다. 일곱 살 때 아버지가 돌아가시고 어머니는 수술을 두 번 하게 되어 생활이 형편없게 되자 삼촌이 부산으로 데리고 왔다. 세 살 때부터 부산 여관에서 심부름꾼으로 지냈다. 열여섯 살이 되었을 때 엄마가 중국 공장에 먼저 가 있으면 엄마와 동생이 따라가겠다고 했다. 공장 책임자라는 여자가 날 먼저 데리고 왔는데, 석문자였다. 못 보던 일본 사람과 군대들이 가득했다. 처음에는 밥을 하고 심부름만 했다. 그러다가 주인이 나를 '손님'을 받게 하겠다고 헌병대에 데리고 갔다. 끌려왔다고, 나이 어리다고 말을 했지만 소용이 없었다. 주인이 '도둑장사'를 시키면서 헤이타이(군인)를 받지 않으면 때렸다. 부지깽이로 맞으면서 밥도 짓고, 그런 고생을 3~4년 했다. 4년 만에 소련군이 들어와 사변이 났다.

전쟁이 나니까 주인은 부대에 다시 들어가고 주인집 아주머니는 사라졌다. 함께 있던 마유미는 죽었다. 태평촌에 갔다가 조선 여자 집에 숨어 있었다. 혼자 살 궁리를 하다가 앞집에 피난 와 있던 조선 남자와 결혼했다. 딸도 낳고 시어머니도 함께 살았는데 남편은 한국전쟁 때 인민지원군으로 나가서 평양에 눌러앉아 돌아오지 않았다. 그곳에서 제대한 후 결혼해서 아이까지 있다고 했다. 어쩔 수 없이 시어머니와 딸아이도 수속을 해서 보냈다. 속이 탔다. 그 뒤 다시 조선 남자와 결혼해서 아들을 낳아 키웠다.

2001년 8월 중국 흑룡강성 동녕의 이광자. 이때 조사팀을 처음 만난 이광자는 몹시 흥분하고 감격해했다고 한다. 이후 이광자는 한국을 애타게 그리다 아무리 해도 돌아갈 방법이 없자 자포자기했다. 2002년에는 갑자기 쓰러진 후 아들이 있는 길림성 훈춘으로 옮겨가 몸져누웠다. 가끔 헛소리도 하고 무섭다고 해서 한밤중에도 전깃불을 켜 놓았다고 했다. 결국 소원을 이루지 못하고 2003년 1월 27일 훈춘의 아들집에서 작고했다.[9]

## 연합군 포로가 된 조선인 군속이 진술한 석문자의 조선인 '위안부'

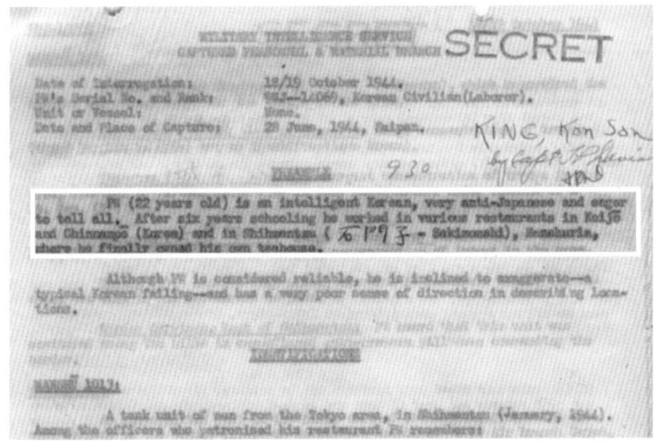

MILITARY INTELLIGENCE SERVICE SECRET
CAPTURED PERSONNEL & MATERIAL BRANCH

Date of Interrogation: 18/19 October 1944.
PW's Serial No. and Rank: 9WJ--14069, Korean Civilian(Laborer).
Unit or Vessel: None.
Date and Place of Capture: 28 June, 1944, Saipan.

KING, Kon Son

930

PREAMBLE

PW (22 years old) is an intelligent Korean, very anti-Japanese and eager to tell all. After six years schooling he worked in various restaurants in Keijō and Chinnampo (Korea) and in Shihmentzu (石門子 - Sekimonshi), Manchuria, where he finally owned his own teahouse.

Although PW is considered reliable, he is inclined to exaggerate—a typical Korean failing—and has a very poor sense of direction in describing locations.

IDENTIFICATIONS

MANSHU 1013:

A tank unit of men from the Tokyo area, in Shihmentzu (January, 1944). Among the officers who patronized his restaurant PW remembers:

∧
일본인 군속으로 일하다가 연합군 포로가 된 김공선(포로번호 9WJ-14069)은 미군 군사정보국 포로 및 노획물과가 진행한 심문에서 석문자의 상황에 대해 상세하게 진술했다.[10] 김공선이 석문자의 상황을 자세히 알 수 있었던 것은 석문자에서 본인 소유의 찻집tea house을 운영했었기 때문이었다.

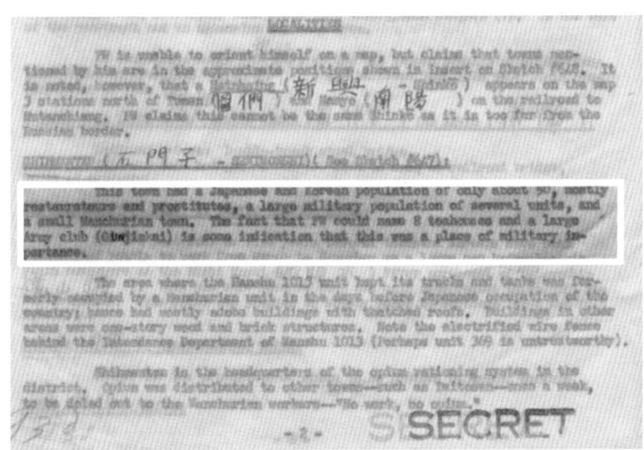

LOCALISTION

PW is unable to orient himself on a map, but claims that towns mentioned by him are in the approximate positions shown in insert on Sketch ... It is noted, however, that a ... (新興 - ...) appears on the map 3 stations north of Tomon (圖們) and Nanyo (南陽) on the railroad to ... PW claims this cannot be the same Shinko as it is too far from the Russian border.

SHIHMENTZU (石門子 - SEKIMONSHI) (See Sketch ...):

This town had a Japanese and Korean population of only about 50, mostly restaurateurs and prostitutes, a large military population of several units, and a small Manchurian town. The fact that PW could name 8 teahouses and a large Army club (Ò...kai) is some indication that this was a place of military importance.

The area where the Manshu 1013 unit kept its trucks and tanks was formerly occupied by a Manchurian unit in the days before Japanese occupation of the country; hence had mostly adobe buildings with thatched roofs. Buildings in other areas were one-story wood and brick structures. Note the electrified wire fence behind the Intendance Department of Manshu 1013 (Perhaps unit 369 is untrustworthy).

Shihmentzu is the headquarters of the opium rationing system in the district. Opium was distributed to other towns—such as ...—once a week, to be doled out to the Manchurian workers—"No work, no opium."

- 2 -

SECRET

∧
그에 따르면 만주 석문자에는 50명 정도의 일본인과 조선인이 있었는데, 이들 대부분은 요식업자 restaurateurs이거나 위안부prostitutes였다. 그는 석문자에 있었던 8개의 찻집의 이름을 기억하고 있었고, 큰 육군회관이 있었다고 진술했다. 또한 이들의 명칭을 모두 연합군에게 말해주었다.

## 석문자
## 일본군 위안소 터

석문자 위안소의 피해자들은 전쟁이 끝난 뒤에도 피해 지역 근처에 살았다. 김순옥은 동녕현 시내에, 이광자는 고안촌에, 지돌이는 대두촌에 살았으며, 이수단은 대두촌에 살다가 도하진 경로원에 들어갔다. 석문자 위안소의 주소지는 중국 흑룡강성 목단강시 동녕현 대두천진 석문자촌 안에 있다. 2001년 조사팀이 방문했을 때 위안소가 있던 자리는 전부 옥수수, 고추, 담배밭으로 둘러싸여 있었다. 그 전에 사용됐을 것으로 추측되는 그릇 등의 깨진 사기 파편들도 쉽게 발견됐다.

석문자의 위안소에서 잡일을 했던 중국인 곽경사 씨는 2001년 조사팀을 만나 부근에 일본군 부대가 있었고 위안소는 네 군데 있었다고 설명했다. 일본인 여성이 있는 곳 두 군데, 조선인 여성이 있는 곳 두 군데였다. 그중 두 곳은 은방울꽃이란 뜻을 지닌 '스즈란'이란 이름과 '이치마츠'라는 이름이었다고 한다.[11]

^
석문자 위안소가 있던 지역을 방문한 김순옥과 이수단. 2003년 안세홍 촬영.[12]

^
석문자 위안소 터의 도자기 파편. 2001년 쑤즈량蘇知良 촬영.[13]

**전쟁이 끝나고 고향과 소식이 두절되었다**

“석문자에서 종전을 맞았다. 부대에 남아 있던 사람들이 모두 봉천으로 간다고 해서 짐을 다 싸서 부쳤다. 그러고 나서 어떤 사람이 같이 가자고 했는데 나는 광복이 되고도 여태껏 못 갔다. 또 일본 군대가 떠난 후 소련군이 들어왔을 때, 주인이 어디로 가자고 하는 것을 거절했더니 화를 내고 나를 몹시 원망했다. 그때 따라가지 않았던 몇 명이 남아서 모였다. 주인을 따라간 여성들이 어찌 되었는지는 모른다. 아마 또 어딘가에서 군인이나 남자들을 상대했을 것이다. 여자들이 모이긴 하였으나 어떻게 해야 할지 잘 몰랐다. 고향으로 돌아가는 길도 알 수 없었다. 돌아갈 수 있는 길을 찾으려고 해보았지만 이미 국경이 완전히 막혀 돌아갈 수 없었다.

처음에는 귀국을 생각하며 수소문도 해보았다. 편지도 여러 번 했는데 되돌아오기만 했다. 반신 우표를 넣어서 보냈더니 한참 후 답장이 오기도 하였으나, 읽어도 의미가 잘 안 통했다. 한문으로 된 편지를 보내기도 하였는데 동생이 또 그것을 읽을 수가 없었다. 그러다 자연히 고향과 소식이 두절되었다.

해방 이후 대두촌大肚村에서 살다가 중국 남자를 만나 결혼해서 살았다. 남편이 죽기 전인 1986년에 나는 이곳 경로원에 들어왔다. 남편은 경로원에 들어가는 것이 싫다고 하여 혼자 들어왔다. 같이 살 때 아이는 없었고 시집 식구들과 같이 살았다. 남편은 초혼에 농사짓는 사람이었는데 시누이와 시동생은 지금도 대두촌에 산다.

남편은 게으름뱅이에다 주정뱅이에 구타까지 일삼았다. 남편에게 얼마나 많이 맞았는지 모른다. 그것이 가장 견디기 힘들었다. 남편과 살면서 사랑이나 행복 같은 것은 몰랐다. 촌의 간부나 공산당 간부들이 이혼을 권할 정도였다.

그 후 남편은 병이 났고 내가 경로원에 들어온 후 남편은 가출 상태로 헤매다가 여름에 물난리가 났을 때 시체로 발견되었다. 이혼은 생각하지 않았고 살기 위해 손 껍질이 다 벗겨지도록 열심히 일하였다. 지금 경로원에서 지내는 생활이 내가 살던 중 가장 행복하다.❞

▲
1970년도 북한에 있는 가족과 연락을 주고받던 시기에 가족으로부터 받은 '가족사진'. 이 안에 이수단의 모습은 없다. 이수단은 이 사진이 "유일한 가족사진"이라고 했다. 2003년 안세홍 촬영.[14]

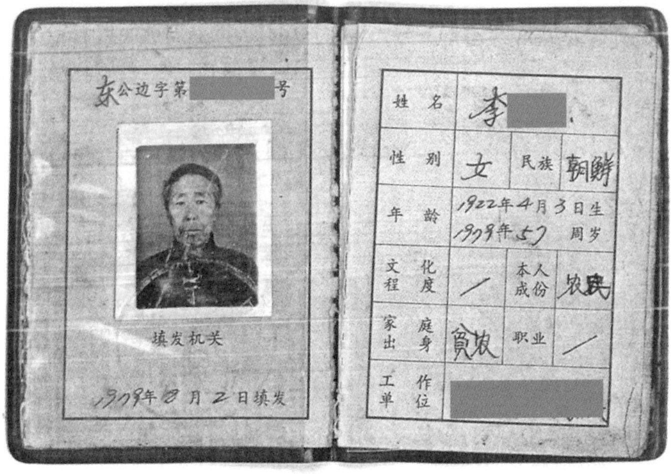

东公边字第[redacted]号

填发机关

1979年8月2日填发

| 姓名 | 李[redacted] | | |
|---|---|---|---|
| 性别 | 女 | 民族 | 朝鲜 |
| 年龄 | 1922年4月3日生<br>1979年57周岁 | | |
| 文化程度 | / | 本人成份 | 农民 |
| 家庭出身 | 贫农 | 职业 | / |
| 工作单位 | [redacted] | | |

∧

흑룡강성 거민증. 1979년 만 57세 때 발급받은 거민증이다.[15] '조선' 민족에 성분은 '농민', 가정 출신은 '빈농'이라고 적혀 있다.

2001년 8월 도하진 경로원 앞에서.[16]

## 이수단은 국적 회복

한국정부에 일본군 '위안부' 피해 등록을 하고 생활지원 대상자가 되기 위해서 2005년 중국 국적을 포기하고 한국 국적 회복을 신청했다. 한국 국적이 회복된 뒤에도 도하진의 경로원에서 계속 생활하다 2016년 5월 17일 작고했다.

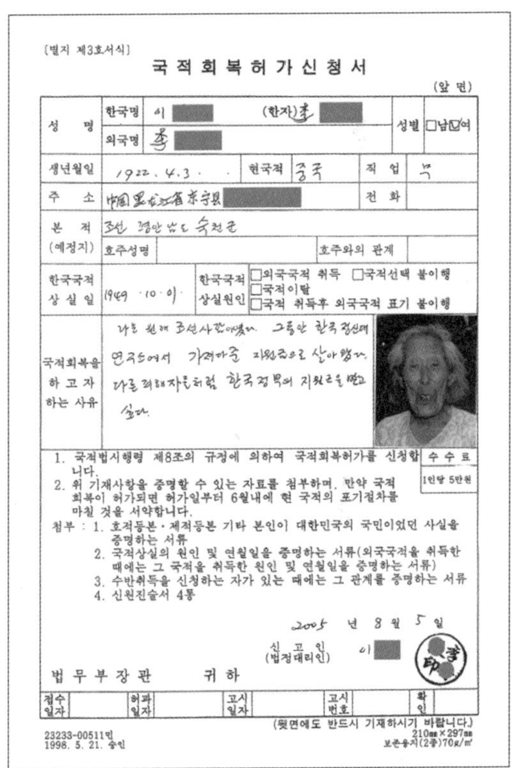

[별지 제3호서식]

국 적 회 복 허 가 신 청 서

(앞 면)

| | | | | |
|---|---|---|---|---|
| 성 명 | 한국명 | 이 [illegible] (한자) 李 [illegible] | 성별 | □남 ☑여 |
| | 외국명 | 李 [illegible] | | |
| 생년월일 | 1922. 4. 3. | 현국적 중국 | 직 업 | 무 |
| 주 소 | 中国黑龙江省东宁县 [illegible] | | 전 화 | |
| 본 적 | 조선 평안남도 숙천군 | | | |
| (예정지) | 호주성명 | | 호주와의 관계 | |
| 한국국적 상실일 | 1949. 10. 01. | 한국국적 상실원인 | □외국국적 취득 □국적선택 불이행 □국적이탈 □국적 취득후 외국국적 표기 불이행 | |
| 국적회복을 하고자 하는 사유 | 나는 원래 조선사람이였다. 그동안 한국 정신대연구소에서 가져다준 지원금으로 살아왔다. 다른 피해자들처럼 한국정부의 지원금을 받고 싶다. | | | |

1. 국적법시행령 제8조의 규정에 의하여 국적회복허가를 신청합니다.
2. 위 기재사항을 증명할 수 있는 자료를 첨부하며, 만약 국적회복이 허가되면 허가일부터 6월내에 현 국적의 포기절차를 마칠 것을 서약합니다.

| 수 수 료 |
|---|
| 1인당 5만원 |

첨부 : 1. 호적등본·제적등본 기타 본인이 대한민국의 국민이었던 사실을 증명하는 서류
2. 국적상실의 원인 및 연월일을 증명하는 서류(외국국적을 취득한 때에는 그 국적을 취득한 원인 및 연월일을 증명하는 서류)
3. 수반취득을 신청하는 자가 있는 때에는 그 관계를 증명하는 서류
4. 신원진술서 4통

2005 년 8 월 5 일

신 고 인 (법정대리인) 이 [illegible] (印)

법 무 부 장 관 귀 하

| 접수일자 | | 허가일자 | | 고시일자 | | 고시번호 | | 확인 | |
|---|---|---|---|---|---|---|---|---|---|

(뒷면에도 반드시 기재하시기 바랍니다.)

23233-00511민
1998. 5. 21. 승인

210㎜×297㎜
보존용지(2종)70g/㎡

> 이수단의 국적 회복허가 신청서.[17]

*

이수단과 김순옥, 지돌이, 이광자의 이야기는 다음 참고문헌의 내용을 인용, 요약, 정리했다.


- 한국정신대연구소 엮음, 《중국으로 끌려간 조선인 군위안부들 2》, 한울, 2003.
- 한국정신대연구소, 《중국거주 일본군'위안부' 피해자 지원 연구보고서》, 여성가족부, 2006.
- 안세홍, 《안세홍의 포토 에세이: 중국에 남겨진 일본군'위안부' 이야기 겹겹》, 서해문집, 2013.

# 살아남아야 한다

# 박연이(가명)

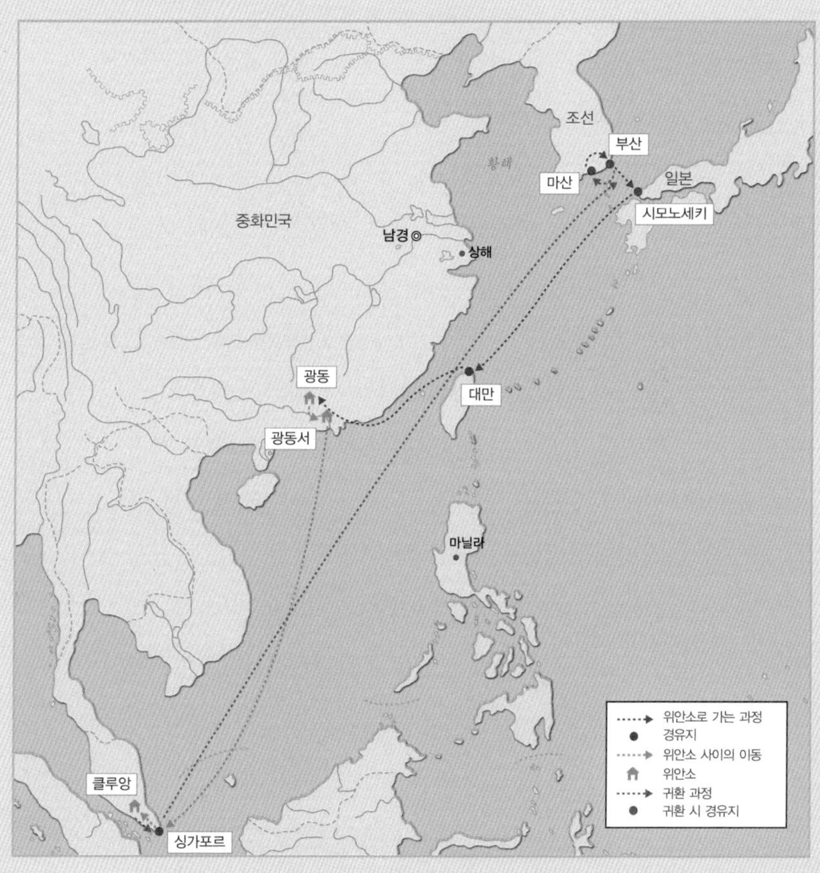
조선
부산
마산
황해
일본
시모노세키
중화민국
남경
상해
광동
광동서
대만
마닐라
클루앙
싱가포르
위안소로 가는 과정
경유지
위안소 사이의 이동
위안소
귀환 과정
귀환 시 경유지

박연이의 이동경로

## 박연이의 의지

박연이는 가명이며 얼굴을 공개하지 않았고 특별한 대외활동도 하지 않았다. 한국정부가 생활안정 지원을 하기 위해 처음으로 '위안부' 피해자들을 등록받은 날인 1993년 8월 31일 일본군 '위안부' 피해자로 등록했다. 1991년 8월 김학순이 피해자 공개증언을 한 이후 계속해서 피해자임을 밝힌 여성들 120명과 함께였다.

1993년 겨울, 한국정신대연구소 연구원이 박연이를 찾아갔고, 박연이는 적극적으로 자신의 이야기를 해주었다. 자신의 이야기를 하는 박연이의 모습은 꼿꼿하고 당당했다고 한다. 박연이는 살아오는 동안 수많은 죽음을 목격하고 자신도 여러 번 죽을 고비를 넘기면서도 살아남겠다는 의지로 이를 악물고 참을 수 있었다고 한다. 그저 살아져서 어쩔 수 없이 산 것이 아니라 절망 속에서도 살아남기 위해서 안간힘을 썼다는 박연이의 이야기는 살고자 하는 의지가 사람을 얼마나 빛날 수 있게 하는지 깨닫게 한다.

## 마음을 들뜨게 하는 소문

"1921년 음력 정월에 경북 청도에서 태어난 나는 열세 살 때 오빠 부부가 있는 마산으로 나가 살았다. 어머니가 딸을 낳게 해달라는 치성을 드려 마흔 살에 낳은 딸이었기 때문에, 집안의 귀여움을 독차지하고 자랐다.

가끔 다니는 야학보다 학교에 가고 싶었다. 마산의 간이학교에도 입학해봤지만 "집에 얌전히 있다가 시집이나 가라"는 오빠의 반대에 얼마 다니지는 못했다. 가난한 집에서 살아가느라 너무 바빴다.

열여덟 살 때인 1938년, 동네 친구들 사이에 마음을 들뜨게 하는 소문이 돌고 있었다. 어딘가로 가면 돈도 많이 벌고 맛난 것도 먹고 옷도 잘 입는다는 소문이었다. 어느 날 40대로 보이는 조선 남자가 다가와서 말을 걸었다. 자기가 온 광동에 가면 돈도 잘 벌고 옷도 잘 입는다는 소문 그대로의 말이었다. 바짝 마음이 동한 나와 친구들은 광동이 어딘지조차 물어보지도 않고 마음만 쏠렸다.

집에서는 반대할 것이 뻔해 며칠 동안 궁리 끝에 식구들에게 알리지 않고 보따리도 없이 그 남자를 찾아 나섰다. 부산 초량의 어느 집에서 며칠 묵는 동안 신분증명서와 도항증을 만들었다. 열다섯 명이 모집되자 그 남자는 우리들을 데리고 부산에서 연락선을 탔다."

## 조선에서
## 중국 광동으로 가는 사람 통제

박연이는 1938년 광동에 가면 돈을 벌 수 있다는 말을 듣고 광동이 어디인지조차 모른 채 광동으로 출발했다. 일본군은 1937년 7월 중일전쟁을 일으킨 뒤에 '방인邦人', 곧 일본 국적민의 중국 여행을 통제하였다. 1938년 10월 광동을 점령한 뒤로는 ① 광동 거주자로서 광동에 돌아가려는 자, ② 군부 관계의 상인 및 그 용무자 ③ 업무상 가정상 기타 용무 때문에 급하게 여행하려는 자에 한해서 민간인이 광동으로 가는 것을 허락하였다. 박연이는 "군부 관계의 상인 및 그 용무자"에 해당되는 '위안부'로서 광동행을 위한 신분증명서가 발급되었던 것으로 보인다. 일본정부의 이러한 요청은 총영사관→외무성→척무성→조선총독→총독관방 외무부장→경무국장, 각도 지사의 경로로 전해지고 있었다.[1]

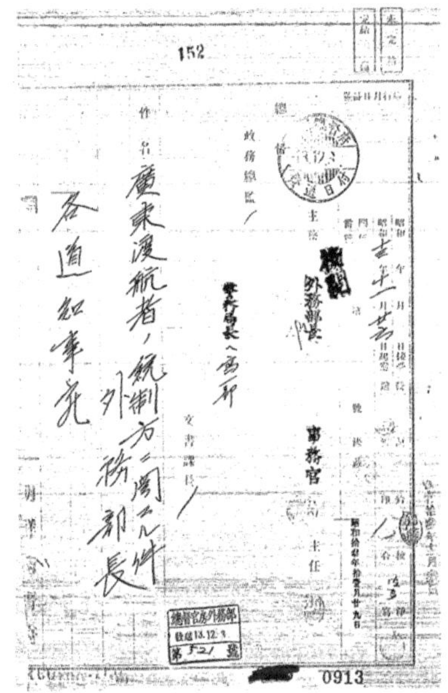

152

件名 廣東渡航者ノ統制方ニ關スル件

各道知事宛 外務部長

0913

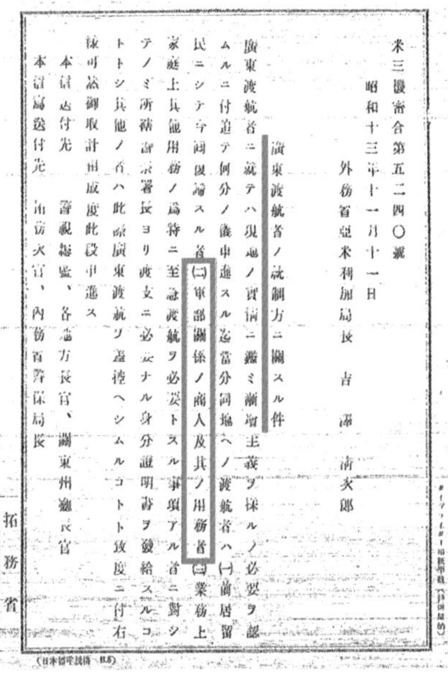

米三機密合第五二四〇號

昭和十三年十一月十一日

外務省亞米利加局長 吉澤清次郎

廣東渡航者ノ統制方ニ關スル件

廣東渡航者ニ就テハ現地ノ實情ニ鑑ミ漸增主義ヲ採ルノ必要ヲ認ムルニ付追テ何分ノ儀申進スル迄當分同地ヘノ渡航者ハ(一)前居留民ニシテ今回復歸スル者(二)軍部關係ノ商人及其ノ用務者(三)業務上家庭上其他用務ノ為特ニ至急渡航ヲ必要トスル事項アル者ニ對シテノミ所轄警察署長ヨリ渡支ニ必要ナル身分證明書ヲ發給スルコトトシ其他ノ者ハ此際廣東渡航ヲ差控ヘシムルコトト致度ニ付右様可然御取計相成度此段申進ス

本信送付先　警視總監、各地方長官、關東州廳長官

本信寫送付先　拓務次官、內務省警保局長

拓務省

1938년 11월 29일 조선총독부 외무부장이 경무국장과 각 도道의 지사知事에게 보내는 〈광동 여행자 통제 방법에 관한 건〉.[2] 척무성의 요청을 받아 일본 외무성의 통첩을 전하는 것이다. 외무성 통첩의 내용은 다음과 같다.

미삼기밀합米三機密合 제5240호/ 1938년 11월 11일/ 외무성 아메리카 국장 요시자와 세이지로吉澤清次郎

광동 여행자渡航者 통제 방법에 관한 건

광동 여행자는 현지 실정을 감안해 점차 늘려가는 방침을 취할 필요가 있다. 그러나 추후 이야기가 전해지기까지는 당분간 이곳의 여행자는 (1) 전 거류민으로 이번에 복귀하는 자, (2) 군부 관계의 상인 및 용무자, (3) 업무상 가정상 기타 용무 때문에 특히 급하게 여행할 필요가 있는 사항이 있는 자에 대해서만 관할 경찰서장이 중국 가는 데 필요한 신분증명서를 발급하기로 한다. 그 외의 자는 이번에 광동 도항을 삼가도록 한다. 이러한 내용을 조치하기를 여기 전해둔다.

본신 송부처 경시총감, 각 지방장관, 관동주청장관

본신 사본 송부처 척무차관, 내무성 경보국장

## 꿈에도 생각하지 못한 일

" 시모노세키와 대만을 거쳐 우리가 도착한 곳은 중국 광동이었다. 군용트럭 뒤쪽의 짐칸에 타고 한참을 들어가니 군부대가 나오고 여기서 얼마 떨어지지 않은 곳에 건물이 하나 있었다. 당시에는 들어보지 못했지만, 지금 생각해보니 위안소였구나 하는 생각이 든다.

여자들은 다들 공장에서 일할 것으로 생각하고 있었다. 그곳에서 군인들이 들이닥칠 때에야 비로소 무엇 때문에 이곳까지 오게 되었는지 알았다. 그런 일이 나에게 닥치리라고는 꿈에도 생각하지 못했다.

'세키오도'라고 불린 그 집에 배정을 받은 여자는 나를 포함 대여섯 명이었다. 먼저 와 있던 언니들도 대여섯 명 정도였다. 나이에 상관없이 먼저 온 사람에게는 무조건 언니라고 불러야 했다. 언니들은 우리에게 남자를 어떻게 상대해야 하는지, 뒤처리를 어떻게 해야 하는지 상세하게 가르쳤다.

이름도 '랑코'로 바뀌었다. 언니들한테 교육을 받으면서 기가 꺾일 대로 꺾인 상태여서 군인들에게 반항도 하지 못했다. 보초들은 하루에도 여러 차례 위안소 주변의 경비를 돌았다. 일주일에 한 번씩 군의가 와서 산부인과 검진을 하고 병에 걸렸으면 치료를 해주기도 했다.

군인들이 줄을 지어 왔고 미처 밥 먹을 시간도 없었다. 방문 앞에 밥상이 놓여 있으면 씻으러 가면서 한 숟가락 떠먹고 방으로 들어가면서 한 숟가락 떠먹고 할 정도였다. 부대에 연회가 있는 날이면 기모노를 차려입고 참석했다가 장교들과 함께 그들이 묵는 막사로 가기도 했다. 어두운 밤길을 걸어서 위안소로 돌아올 때면 캄캄한 어둠 속에 갇힌 것처럼 무섭고 쓸쓸하고 비참했다. ”

▲

광동 광주廣州는 중국에서 가장 근대화된 도시 중 하나면서 홍콩을 경유하는 해외무역의 거점이기도 했다. 중일전쟁을 일으킨 뒤 일본군은 계속 전투를 벌이면서 중국 서남쪽을 점령해갔으며 1938년 10월 중국군의 큰 저항 없이 광동을 점령하였다. 사진은 광동 시내에 들어오고 있는 일본군 선진 전차대.[3]

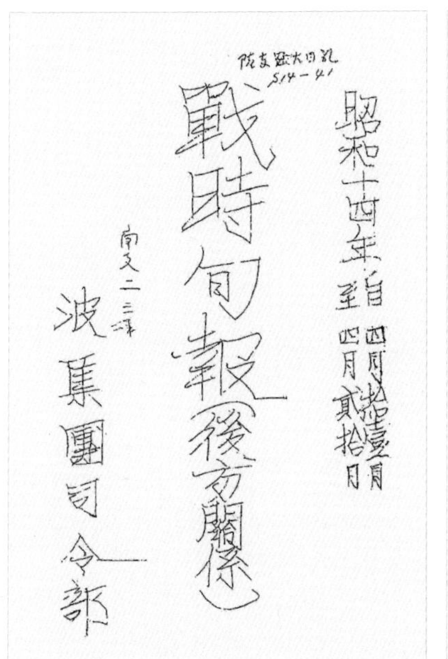

陸支密大日記 S14-41

昭和十四年 自 四月拾壹日 至 四月貳拾日

戰時旬報(後方關係)

南支二三〇

波集團司令部

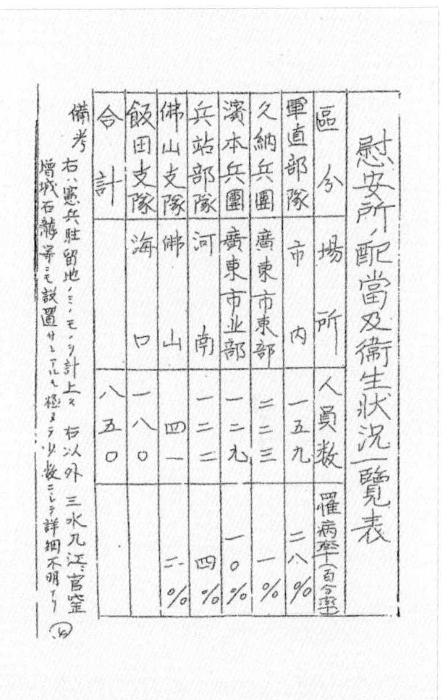

慰安所ノ配當及衛生状況一覧表

| 區分 | 場所 | 人員數 | 罹病率(百分率) |
|---|---|---|---|
| 軍直部隊 | 市内 | 一五九 | 二八% |
| 久納兵團 | 廣東市東部 | 二二三 | 一% |
| 濱本兵團 | 廣東市北部 | 一二九 | 一〇% |
| 兵站部隊 | 河南 | 一二二 | 四% |
| 佛山支隊 | 佛山 | 四一 | 二·% |
| 飯田支隊 | 海口 | 一八〇 | |
| 合計 | | 八五〇 | |

備考 右ハ憲兵駐留地ノミヲ計上ス 右以外三水九江官窰増城石龍等ニモ設置セラレアルモ極メテ小数ニシテ詳細不明ナリ

1939년 4월 광동성에 주둔한 제21군(나미波집단사령부)이 육군성에 보낸 보고이다.[4] 1938년 9월 대본영 직할군으로 편성된 제21군은 곧바로 광동공략작전에 나서 다음 달인 10월 광동을 점령했다가 1940년 2월 중국파견군(지나파견군)의 전투서열에 편입됨으로써 폐지되었다. 1939년 4월의 《전시순보》에서 광동 지역의 위안소 상황을 보고했다. "위안소는 관할 경비대장 및 헌병대 감독하에 경비지구 내 장교 이하를 위해 개업"한다는 내용이 있다. 〈위안소의 배당 및 위생상황 일람표〉를 통해 광동시 동부 및 북부, 하남河南, 불산佛山, 해구海口 지역의 위안소에 각 부대를 배당하고 있는 것을 볼 수 있다.

## 살아야겠다는 의지

“시간이 지나자 그 생활에 길들여지면서 처음의 공포도 사라졌다. 소극적으로 당하기만 하지 않고 나를 추스르며 적극적으로 대처했다. 행패를 부리는 군인에게는 맞대거리도 할 줄 알게 되었고 못된 군인에게는 나도 술을 마시고 같이 성질도 부렸다. 군인 중에는 별별 사람이 다 있었다.

자살을 시도하거나 병이 들어 죽어가는 동료들도 보았지만, 안타까운 마음 한편으로 그럴수록 살아야겠다는 의지가 더욱 강렬해졌다. 학질(말라리아)에 걸려 죽을 고비도 넘겨봤다. 야전병원에서 썩은 살을 도려내는 수술을 받고 나서야 살 수 있었다. 고통이 엄청났지만 살아남아야겠다는 생각으로 이를 악물고 참았다.

주인은 하루 실적을 기록하고 여자들에게 상벌을 주었다. 찾아오는 군인이 많으면 좋은 옷과 음식이 돌아오고 금반지를 받기도 했다. 나 또한 상을 받으려고 경쟁을 했다. 하지만 수도 없이 밀려들어오는 군인들을 다 감당하기에는 너무 힘이 들었다. 군인들이 지긋지긋했고 그렇게 싫을 수가 없었다. 그런 생활을 이겨내려니 자연히 술이 늘었다.

열심히 일을 했지만 돈은 한 푼도 받지 못했다. 위안소까지 오는 비용, 먹고 자는 데 드는 비용, 화장품까지 모두 빚이라고 했다. 나는 그 빚을 3년이 지나서야 모두 갚을 수 있었다.”

광동 시내의 위안소 거리 모습.[5]

광동 소재 하남河南 지역의 위안소.[6] 1939년 4월 제21군의 보고서에 의하면 병참부대에게 배당된 위안소였다. 니시노 루미코는 1992년 면담을 위해 만난 일본군 출신 남성 이시가와石川德次의 앨범에서 이 사진을 발견했다. 위안소 안에서 대기하고 있는 병사 뒤로 벽에 붙어있는 '위안소 주의사항慰安所その心得'이 보인다.

## 말레이시아로

" 3년이 지난 1941년, 나는 광동 시내에 있는 '마츠노야'라는 위안소로 옮겼다. 얼마 후에 주인은 여자들을 모두 데리고 싱가포르로 간다고 했다. 우리는 결국 말레이시아 조호루주 클루앙으로 배치되었다. 파인애플 나무가 아주 많은 곳이었다. 위안소에 도착하자 군의가 나와서 신체검사를 하고 검진을 했다. 나는 광동에서부터 몹시 배가 아팠는데, 이때서야 나팔관이 부어 있다는 사실을 알았다.

위안소는 중국 사람이 살던 4층짜리 넓은 집이었다. 1층에는 탁구대가 있는 커다란 홀이 있었고 2층에는 주인과 아이들이 살았으며 여자들은 3층 방을 하나씩 배당받아 지냈다. 4층은 창고였다.

환경은 전보다 나아졌지만 시간이 지날수록 이제는 더이상 뒤로 물러날 수도 앞으로 나아갈 수도 없다는 생각으로 절망스러웠다. 비참한 생활을 견디지 못하고 자살을 하거나 시도하는 여자들이 있었지만 나는 한 번도 죽을 생각은 해보지 않았다. '살아 나가야 부모형제를 다시 만나지' 하는 생각으로 이를 악물고 그 생활을 참아나갔다.

인정 있는 군인을 만나는 일은 흔치 않았지만 그래도 암흑 같은 생활 속에서 작은 위안이 되었다. '사토 마사미'라는 헌병은 나에게 과일을 사다주기도 하고 극장에 데리고 가기도 했다. 나와 함께 살고 싶어 하기도 했지만 군율이 엄중하여 그럴 수는 없었다. 얼마 후 그는 태국으로 이동했다.

'마츠노야'에서는 군인이 낸 돈의 60퍼센트를 '위안부' 몫으로 받았다. 나는 가능한 한 돈을 차곡차곡 모으기 시작했다. 당시 '위안부'들에게도 저축을 장려하고 강요해서 나는 랑코라는 이름으로 '다이앙 유빙 겡코(대만우편은행)'에 저축했다. 하지만 전쟁이 끝나자 그 통장은 한낱 휴지조각이 되고 말았다. 나는 그 통장을 한국까지 가지고 나왔다가 아무 소용도 없는 것이라는 생각에 결국 찢어버리고 말았다.”

## 말레이시아의 일본군 위안소 개설과 관리

# 軍政規定集

昭和十八年十一月十一日 第三號 馬來軍政監部

馬來監達第二八號

慰安施設及旅館營業取締規程制定ノ件達

部內一般

慰安施設及旅館營業取締規程左ノ通定ム

昭和十八年十一月十一日 馬來軍政監

慰安施設及旅館營業取締規程

第一章 總則

第一條 本規程ハ軍人軍屬並ニ一般邦人ヲ對象トスル慰安施設及旅館ノ整備並ニ營業取締ニ關スル事項ヲ規定ス

第二條 本規程ノ運用ニ當リテハ常ニ軍ト緊密ナル連絡ヲ保持シ之ガ協調ニ努ムベシ

第三條 慰安施設及旅館ハ軍人軍屬並ニ一般邦人ノ志氣ヲ昂揚シ日本人タルノ品格ヲ保持スルコトヲ主眼トス

第四條 慰安施設ハ處理上之ヲ左ノ如ク區分ス

一 娯樂施設（映畫、演劇、演技、演奏、音樂、運動）

二 飲食施設（喫茶、食堂、料理屋）

三 特殊慰安施設（慰安所）

第五條 慰安施設ハ特ニ下士官以下ノ教育情操ヲ助成スル堅實ナル娯樂施設ノ整備ヲ第一義トシ飲食施設及特殊慰安施設ハ必要ノ最少限度ニ止メ且ツ酒亂ニ陷リ易キ（例ヘハ日本式カフエーノ如キ）施設ハ之ヲ避クルモノトス

第六條 飲食施設及特殊慰安施設(慰安所)ハ其ノ營業場所等ヲ考慮シ現地人ニ對スル文化施策ニ惡影響ヲ及ホサザル如ク努ムベシ

第七條 慰安施設ノ經營者ハ邦人ニ限定スルヲ本則トスルモ從業員ハ爲シ得ル限リ現地人ヲ活用シ邦人ノ使用ハ必要最少限度ニ止ムルモノトス

第八條 慰安施設營業ヲ左ノ如ク區分ス

一 軍專用

一般人ノ出入利用ヲ許サザルモノ

二 軍利用

一般人ノ出入利用ヲ許スモ軍人軍屬ニ對シ特ニ利便ヲ與フルモノ

三 其ノ他ノ營業

右以外ノモノ

二

第九條 軍專用及軍利用ノ認定ハ軍ニ於テ行フ

第十條 本規程ニ於テ軍トアルハ第二師團長又ハ第二師團長ノ指示スル獨立守備隊長ヲ謂フ

第十一條 海軍ノ所管ニ屬スル慰安施設及旅館ハ軍政機關ニ於テ關與セザルモノトス

第二章 營業處理

第十二條 左記事項ハ地方長官ニ於テ處理スベシ

一 營業ノ許可、禁止、停止

二 營業ノ讓渡及營業所移轉ノ許可

三 稼業婦ノ就業及就業所變更ノ許可

四 營業者及稼業婦ノ廢業許可

第十三條 地方長官ニ於テ軍專用及軍利用ノ認定並ニ取消ノ要アリト認メタルトキハ其

∧

말레이시아 군정감부가 1943년 11월 11일 제정한 〈위안시설 및 여관영업 단속규정慰安施設及旅館営業取締規定〉에 따르면,[7] '오락시설', '음식시설', '특수위안시설'로 구분되어 있는 '위안시설' 중 위안소는 '특수위안시설'에 해당한다. '위안시설'은 군 전용과 군 이용, 기타 영업으로 구분되어 있었으며, 군 전용과 군 이용 여부는 군軍, 그러니까 제2사단장 또는 제2사단장의 지시를 받는 독립수비대장이 인정하도록 하였다. 일본군 제25군은 1941년 12월 말레이시아를 공격하여 영국군과 전투를 개시하고, 1942년 2월에 싱가포르를 점령한 후에 군정을 실시했다. 위안소 개설은 점령 직후 시작되었다.

말레이시아 조호루바루 소재 위안소의 '위안부'들. 조호루바루는 박연이가 머물렀던 클루앙의 남쪽에 있는 지역이다. 싱가포르와 마주보고 있다. 근위보병 제5연대 소속으로 조호루바루에 주둔했던 어느 일본군 출신은 현지에 위안소를 개설했던 일을 회고록에 남겼다. 눈에 띄지 않는 곳에 위치해 있고 방 숫자가 많은 건물을 골라 위안소를 정하고 부대의 경리실 사람들과 집기를 갖추고 소독약인 망간산칼리 수용액을 준비했다고 한다. 다음 날 중국 광동에서 건너온 '위안부'들이 도착했고 일본인 '위안부'들은 2층, 조선인 '위안부'들은 1층을 할당받아 조선인 '위안부'들이 차별을 받았다고 항의했다는 내용이었다.[8]

**전쟁이 끝났는데도 참담했다**

"어느 날 군인의 발길이 딱 끊겼다. 일본이 연합군에게 손을 들었다는 소식으로 떠들썩했다. 그것은 아주 갑자기 닥친 일이었다. 나는 그날 이전까지 일본이 항복하고 전쟁이 끝날 것이라는 사실은 꿈에도 생각하지 못했다.

전쟁이 끝났는데도 기쁘기보다는 참담했다. 고향을 떠나 낯선 땅에 내팽개쳐지더니 다시 일본군에게 버림받고 아무 방패막이도 없는 상황에 놓인 것이다. 막상 고향에 돌아갈 것을 생각하니 그 역시 비참했다. 몸도 망치고 가진 것도 없이 초라한 몰골로 고향에 돌아가는 것은 생각할 수 없었다. 조국이 해방되었다고는 하나 나 개인에게는 앞으로의 삶에 아무런 희망을 걸 수 없었다.

아는 일본군이 같이 도망가자고 해 따라나섰다가 다시 버림받은 나는 산속을 헤매고 헤매다가 조선 사람들이 모여 있는 곳으로 찾아갔다. 싱가포르 주롱이라는 곳에 모여 있는 그들은 대부분 '위안부'였던 여자들과 군속들이었다. 판자를 대충 엮어 하코방 같은 숙소를 모두 12동 지었는데, 1호부터 3호까지가 여자 숙소였다. 미군이 나누어주는 배급식량은 턱없이 모자랐고 무엇보다 물이 나빴다. 배는 허기지고 옷도 변변한 것이 없으니 사람들마다 그런 상거지가 없었다.

1946년이 되자 우리를 태우고 갈 배가 도착하였다고 했다. 커다란 미군화물선이었다. 부산에 도착하니 3월이었다. 한복을 입은 조선 사람을 보니 마침내 돌아왔다는 생각에 가슴이 뭉클하면서도 내 처지를 생각하니 처량했다."

## 싱가포르
## 주롱 수용소 터

∧
싱가포르 주롱 수용소 터. 2005년 현재 물류창고로 사용되고 있다. 국가보훈처·독립기념관팀이 처음으로 주롱수용서 터를 확인하고 촬영했다.[9]

## 말레이시아의 한국인들,
## 싱가포르를 거쳐 부산으로

消息모르든南方同胞
二千餘名이入京

해방후 전혀소식을모르든 마래(馬來)반도의동포들 二천여명이 지난十六일고국에도라온감격을안고 부산(釜山)에 二十一일 그중一행이서울역에나리엇다 이중서울에나린 일행은 「싱가폴」고려인회장 정원국(鄭源國)씨외二백여명으로 현재서울역전 대동여관(大東旅館)외 여러곳에서 분숙하고잇는데 二十二일은 군정청외무당국관계자들을역방하고 아직도만히남어잇는서남태평양방면의 동포귀환문제에대하야적극적인 계획수송책을세워 하로라도빨리고국으로도라오도록 알선하여줄것을제언하였다

아직二千名殘留

정원국씨는 다음과 같이 마래반도 재류동포의소식을 전한다

歸國한鄭源國氏談

二十七년만에고국에 도라오니 그감회란 이로말할수 없으며 더욱이 우리들상륙에힘써준 부산의소년동맹원제씨들의 활동에는 무어라감사를드려야 조흘지모르겟습니다 우리들은 해방후 영국군의보호아래「주롱」이란곳에서 집단생활을하고잇는데 현재도 자와 사ー무등 부근 각지에 분산되어잇든동포들이「싱가ー폴」로집중하고잇서 우리들이 떠나든四월二十二일에는 군인 군속 一천三백명 일반거류시민이 약一천여명이 고국에도라가기만을 고대하고잇는것을보고 떠낫습니다
해방된 조선사람으로서 한가지이상한것은 패전한일본인들은 맥아더ー사령부에서 배를보내여 거위다도라갓는데 아직도 남방의 우리들에는 한번도 이런계획수송이 없어 안타까웁게여엿습니다
그리고 근四十년 일본의학정아래 억눌려살든 우리들은 현지에서 일본인과같은 취급을밧고 잇으니 이런점에대하야 연합제국의 새로운인식파 고려가잇기를 바라마지안습니다

在華同胞八千歸還

군정청외무처 二十二일발표에 의하면 중국 태고(太沽) 상해(上海) 광동(廣東)으로부터 돌아오는 선박에 조선동포八천二백十八명이 인천 부산에입항하였다고 한다

明倫町에도偽幣
鍾路署에서一黨檢擧

요번은 지폐(紙幣)위조미수사건ー
시내 종로서수사계에서는 명륜정(明倫町)모처에지폐위조단이있다는것을알고 지난二十一일밤十一시 명륜정일정목 三六의四강익동(姜翼桐)(인쇄공)의 집을 수색한결과 옵셋트인쇄기一대와 「팡크」백원권

새살림 요모저모

傳染病의防疫에注力
永登浦에市立病院設立

본의어없는 전쟁에몰 아닐수없다 규사업으로 五백三十여
린일반국민은 극도의심 즉 종래사회적 국가적 만원의거액을디려 증축
신피로에의한전염병이만 성질을 띤신정병원(新 을활러이고 인구비례에
연하고있음은 町病院)불교자제원(佛 비추어 의료기관이 부
우리가 환자 敎慈濟院)行旅病人施療 족한영등포(永登浦)에
의롱게를보지 院)성병치료소(性病治 새로히 시립병원을설치
않아도잘아는 療所)등에는다만 보조 코저 一천三백七十五만
바인 여원을계상
데 하야 벌서
이에 부러 착착
서울 준비를가추
시당 고있어이들
국에서는 금 정도에 지나지않는것을 모ー든병원시설이 완비
년도의 대규 금년도에는 시작영으로 되는날에는 다른 모ー
모사업의하나 이관확장하는동시에 신 든병원과아울러 위생도
로서시민보건 정병원은 十三만五천여 시로서 파하부
에전력을다하야 병균전 원을던저 증축하기로 끄럽지 않을정
멸에 박차를가하게된것 되엿다 도에달하리라
은 또한 반가운소식이 이박게전염병원은 신축한다

健保

말레이시아에 머물던 한국인들의 귀국 소식을 전하는 최초의 신문기사이다. 1946년 4월 22일에 싱가포르를 출발해서 5월 20일 부산항에 도착했다고 한다. 이때의 귀환자 사이에 박연이가 포함되었을 가능성이 높다. 박연이는 3월에 부산에 도착했다고 말했는데, 싱가포르에서 음력 3월에 출발했던 일과 혼동했을 수도 있다. 귀환자의 일원이었던 싱가포르 고려인 회장 정원국은 전쟁이 끝난 후 말레이시아의 '동포'들은 주롱에서 영국군의 보호 아래 집단생활을 하고 있다고 전했다. 우선 2,000여 명이 돌아왔으며, "군인, 군속, 1,300명의 일반 거류지민"이 귀환을 기다리고 있다고 한다.[10] 신문기사 어느 부분에도 '위안부'는 물론 여성 귀환자에 대한 언급은 없다.

미군 '위안부'와 아이

"드디어 마산의 오빠 집에 도착했다. 집에 딸린 오빠 부부가 하던 참기름가게는 텅 비어 있었다. 기계도 모두 뜯겨 없어지고 썰렁한 냉기만이 감돌았다. 전쟁 말기에 일본이 다 공출해갔고 오빠는 징용으로 끌려갔고 어머니는 돌아가셨으며 아버지는 정신이 나가서 집을 나가 사방으로 돌아다닌다고 했다. 기가 탁 막혔다.

얼마 후 징용 갔던 오빠가 돌아왔다. 나는 형편도 어려운 오빠 집에 얹혀서 하는 일 없이 밥을 먹고 있으려니 마음이 편치 않았다. 직접 말을 하지 않았지만 식구들은 모두 내가 어디 갔다 왔다는 것을 눈치로 알고 있는 것 같았다. 그러니 큰조카들의 눈치가 좋지 않았고, 가뜩이나 먹을 것도 없는 집에 군식구가 늘어 양식을 축내고 있으니 올케도 좋아하지 않았다. 그러던 어느 날 올케와 말다툼하게 되었다. 그 모습을 본 큰조카가 제 어미를 편들면서 내 옷가지가 든 보퉁이를 마당으로 내던지고 나가라고 소리쳤다. 나는 그 길로 집을 나와버렸다. 고향에 돌아온 지 일 년 남짓 지난 후의 일이었다.

아는 사람의 집에 들르니 돈을 벌 수 있는 데가 있다며 한 군데를 소개해주었다. 가보니 술집이었다. 창녕에 갔다가 다시 부산 영도로 갔다. 1948년 무렵, 스물여덟 살 때 나는 부산 해운대로 가서 미군을 상대하는 '위안부'가 되었다. 처음 집은 해운대 바닷가의 헛간 같은 집이었다. 바닷가에 외떨어져 있는 집으로 원래는 뱃사람이 쓰던 곳이었다. 다시 초량으로 가서 여러 군데를 옮겨 다녔다.

영어를 잘 할 줄 모르니 미군들과 의사소통이 안 돼서 곤란한 일을 당한 적이 한두 번이 아니었다. 미군들 중에는 제 맘대로 안 된다고 화를 내거나 심지어 총까지 겨누는 사람이 있었다. 한번은 한 미군이 나를 논바닥으로 데리고 가서 손을 들라고 위협하며 총을 겨눈 적도 있었다. 금방 총을 쏠 것처럼 분위기가 살벌했다. 한밤중에 벌벌 떨며 손을 들고 서서 '이렇게 죽는구나' 생각했다. 그렇게 죽을 고비를 겪으면서 떠돌아다녔다.

어렵게 모은 돈으로 장사를 해보려고 했다. 하지만 아는 것이 그것밖에 없으니 결국은 색시 장사였다. 부산에 집을 하나 얻고 여자들을 모았다. 그런데 선금을 받은 여자들이 모두 떼어먹고 달아나버렸다. 처음에는 기가 막혔지만 곧 체념해버리고 말았다. 나도 '위안부' 생활을 하면서 딱한 처지가 어떤 것이라는 것을 잘 알았기 때문에 그 여자들을 더 찾지 않았다.

다시 미군들이 많이 주둔해 있는 평택으로 올라왔다. 서른다섯 살 무렵 한 흑인병사를 만나 '위안부'를 그만두고 살림을 차렸다. 그때까지 임신한 적이 없었는데 이 사람을 만나고는 희한하게 아이가 생겼다. 한참 살림 재미가 생길 무렵 그는 만기가 되어 미국으로 돌아갔다. 그때 나는 만삭이었다.

나는 고향인 마산의 석정리로 내려가 방 하나를 얻어 몸을 풀었다. 서른여섯 살의 초산이었다. 아버지를 닮아 검은 피부, 고수머리를 지닌 아들이었다. 몸이 아파 일을 하기 어려웠는데 다행히 아이 아버지가 미국에서 편지도 보내고 돈도 조금씩 부쳐주어 아이의 우유 값을 댈 수 있었다.

아이가 첫돌이 지난 후 아이 아버지가 다시 한국에 나왔다. 아이와 함께 그를 따라 제주도로 갔다. 그런데 아이 아버지는 내 몸이 성치 않으니 다른 여자들에게 드나들기 시작하면서 속을 썩였다. 점점 술이 늘고 행패를 부리기 시작했다. 한 1년쯤 뒤 결국 그는 다시 본국으로 송환되었다. 그리고는 연락이 끊어졌다.”

# 慰安婦登錄施行

一백五十여명으로추측되고있는시내유엔군상대위안부에대하야는그간관계당국으로하여금여러가지보건(保健)에대한만전책이수립실시되여왔거니와금반시위생당국에서는이에가一층의철저를기하고저금二十二일신마산一히트기트팬스홀)에서유엔군동거부(同居婦)에대한협의회를개최하는동시에오는二十五일까지에는이들에대한一제[illegible]을실시하게되리라한다그런데금번시당국의이러한조치는전기동거및밀매부를구별키위한한가지획책이라고하며만약동기일까지등록치않는자에대하야는이유여하를막론하고밀매부로간주(看做)하고엄중처벌하게되리라한다

∧

1952년 '위안부' 등록에 관한 신문기사.[11] 1950~60년대 한국사회는 유엔군이나 미군을 상대하거나 이들과 동거하는 여성들을 '위안부'라고 불렀다. 일본군 '위안부'를 둘러싼 기억이나 경험 그리고 소문들이 외국인 군인과 가까이하는 여성들을 '위안부'라고 부르게 한 것으로 보인다.

세상에 하나 없는 내 피붙이

“아이와 둘만 남은 나는 마산으로 되돌아갔다가 평택으로 갔다가 다시 파주로 갔지만 살길이 막막했다. 주인은 방세를 못 받을까봐 미군을 다시 받으라고 설득했지만, 나는 이제 그런 짓은 몸서리가 났다. 더욱이 아들 복이가 네댓 살이 되니까 무엇을 아는지 미군이 방에 들어서면 방 안에 탁 버티고 앉아 내 곁을 떠나지 않았다.

색시들을 상대로 팥죽 장사도 해보고 남의집 농사일을 거들어 주기도 했지만 벌이가 되지 않았다. 가리지 않고 일을 했지만 아이에게 아무것도 못 주고 사흘간 굶긴 적도 있었다. 몸도 아프고 오랫동안 고생하다보니 아이를 벌어 먹일 자신도 없어지고 절망에 휩싸였다. 이때 사람들이 찾아와 아이를 고아원에 데리고 갔다.

아들은 중학교 3학년 때 학교를 그만두고 고아원을 나왔다. 재정이 어려운 고아원에서 학비를 대주지 않아 학교에서 퇴학을 당한 것이었다. 감수성이 예민한 사춘기에 접어든 아들은 학교를 중퇴하고 혼혈아로서 주위의 눈총을 받으며 많은 방황을 했다. 나는 능력이 없어서 자식을 가르치지도 못하고 제대로 돌봐주지도 못했다는 자책감으로 남의 일을 해주고 돈이 좀 생기면 수소문을 하여 아들을 찾아 나섰다.

오랫동안 혼자 살아오다가 쉰다섯 살에야 나보다 열 살 많은 노인을 만났다. 역시 가족도 없고 자식도 없이 쓸쓸하게 지내오던 사람이었다. 1994년 봄에 노인이 세상을 떠난 뒤에는 외떨어진 농가에서 혼자 생활하고 있다.

아들은 미국으로 이민 가서 결혼도 하고 자식도 낳고 살고 있다. 아들이 보내오는 편지와 사진을 보는 것이 큰 즐거움이다. 어미로서 해준 것도 별로 없고 고생만 시켰지만 그래도 이 세상에 내 피붙이가 하나 있다는 사실이 살아가는 데 위안이 되고 힘이 된다.❞

## 박연이의
## 이후 이야기

1993년부터 박연이(가명)와 만나 구술을 듣고 정리한 면담자는 박연이에 대한 이야기를 다음과 같이 남겼다.

> 처음 찾아간 날은 아주 추운 겨울날이었다. 할머니의 태도는 가난에 짓눌리거나 비굴하지 않고 당당해 보였다. 할머니의 얼굴은 온통 주름투성이이고 몸은 말랐지만 아직까지도 스스로 일을 해서 벌어먹고 있다는 자부심이 여느 할머니들과는 다르게 꼿꼿한 모습을 보여주는 것 같았다. 또한 할머니에게는 여러 명의 수양아들과 수양딸이 있었는데 그들은 한결같이 불우한 사람들이었다. 할머니는 그 사람들을 다독거리며 살아가는 데 힘을 내라고 위로하는 모습을 볼 수 있었다. 오랜 세월 동안 고난과 가난을 겪으면서도 삶을 긍정적으로 받아들이며 주위의 어려운 사람을 거두고 건강하게 살아가고 있는 모습을 볼 수 있었다. 상상조차 할 수 없는 일본군 위안부 생활과 또다시 미군 위안부 생활을 거쳐 오면서도 어떻게 인간다운 품위를 유지하고 강파르지 않은 인간성과 이웃을 생각하는 마음씀씀이를 유지할 수 있었는지 숙연해졌다.

1995년 증언집 발간 이후 박연이의 삶에 대해 들을 수 있는 통로는 더이상 없었다. 얼굴도 공개하지 않고 대외활동도 하지 않은 박연이는 집이 있는 파주와 아들이 있는 미국을 오가며 여전히 자부심을 갖고 이웃을 돌보면서 계속해서 삶을 꾸려나간 것으로 보인다. 그러다가 2015년 8월 8일 새벽에 미국 아리조나주 매사추세츠에서 작고했다는 소식이 알려졌다. 향년 95세. 유족들은 집 가까운 공원에 고인을 안장할 계획이라고 전했다.

*

박연이(가명)의 이야기는 다음 참고문헌의 내용을 인용, 요약, 정리했다.

- 박연이(가명) 구술, 고혜정 정리, 〈일본군 위안부에서 미군 위안부로〉, 《강제로 끌려간 조선인 군위안부들 2》, 한울, 1997.

# 얼마나 아팠는지 모른다

홍강림

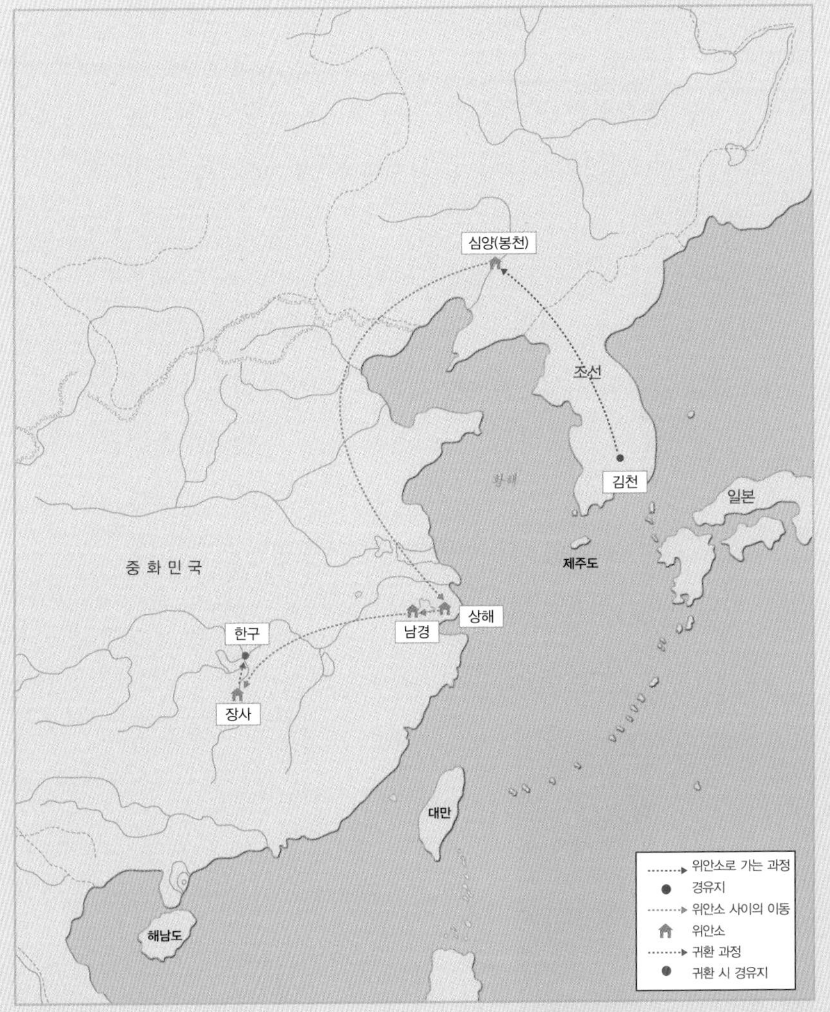
심양(봉천)
조선
김천
황해
일본
제주도
중 화 민 국
상해
남경
한구
장사
대만
해남도
위안소로 가는 과정
경유지
위안소 사이의 이동
위안소
귀환 과정
귀환 시 경유지

홍강림의 이동경로

1994년 정신대연구회가 중국 호북성 무한武漢 지역에 살고 있는 '위안부' 피해 여성을 찾기 위해 현지를 방문했을 때, 가장 먼저 찾은 사람은 한구漢口에 살고 있는 홍강림이었다. 도시의 뒷골목에 살고 있는 홍강림을 어렵게 찾아가자 그녀는 고향 땅 한국에서 자신의 존재를 알고 찾아와주었다는 사실이 믿기지 않는 듯이 말을 잇지 못했다.

홍강림은 그날 밤 또 다른 '위안부' 피해자 하상숙과 함께 조사팀의 숙소를 찾아와 함께 자면서 조금씩 충격에서 벗어났다. 그리고 다음 날 활달한 성격의 하상숙이 조사팀에게 자신의 이야기를 풀어놓는 것을 보고 마음이 누그러져 자신의 이야기를 쏟아내기 시작했다.[1] 1944년 한구에 끌려와 '위안부' 생활을 강요당한 하상숙은 전쟁이 끝난 후 계속 현지에 살면서 주변의 조선인 '위안부' 피해자들을 챙겨왔었다. 하상숙과 홍강림은 사돈을 맺은 사이였다

다큐멘터리 〈낮은 목소리-아시아에서 여성으로 산다는 것〉(1995) 캡처 화면. 하상숙과 홍강림이 제작팀에게 언제 고향에 갈 수 있는지를 묻고 있다.

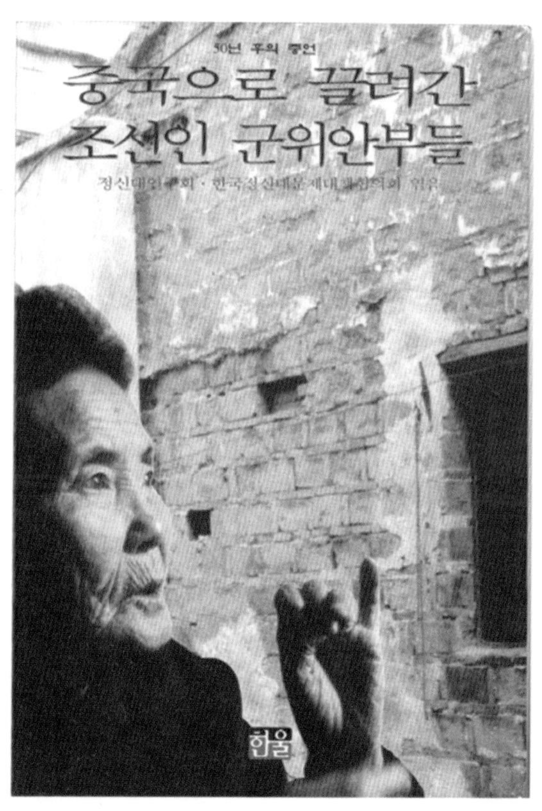


∧
홍강림의 얼굴이 표지에 나온 증언집.[2]

### 남의집 애보기를 하다가 억지로 만주 봉천으로

"나는 1922년 경상북도 김천에서 태어났다. 우리 아버지는 땅이 없어서 농사는 못 짓고 대소쿠리 장사를 했지만 잘되지 않았다. 어머니는 동생을 낳고 다리가 아파서 잘 걷지 못했다. 위로 오빠가 있었지만 밥을 해 먹고 어린 동생 둘을 돌보는 일은 내 차지였다. 학교는 근처에도 가보지 못했다. 나는 아직도 글을 모른다.

열두 살 때부터는 일본 사람 집에 가서 일을 했다. 아침에 그 집에 가서 아이를 봐주고 일을 한 뒤 저녁에는 집에 돌아와서 식구들 밥을 했다. 그 집에 쉰 살쯤 된 뚱뚱한 할머니가 있었는데 어느 날 나를 데리고 기차를 타러 갔다. 그때 어떻게 알았는지 오빠가 떠나는 기차를 따라오면서 울던 게 생각난다. 나중에 들은 사실이지만, 우리 어머니는 딸을 잃어버렸다고 많이 울었다고 한다.

그 할머니는 나를 만주 봉천奉天으로 데리고 갔다. 내가 열일곱 살 때인 1938년의 일이었다. 군부대 근처에 위안소가 있었다. 무척 큰 단층집이었는데 일본 군인들이 집주인을 쫓아내고 개조한 중국인의 저택이었다. 여자 열다섯 명쯤이 그 집에 있었다.

처음 군인을 받은 이후로 울기도 많이 울었다. 너무 아팠다. 도망갈 생각은 하지 못했다. 위안소 밖으로 나갈 수도 없었고 나간다 해도 어디가 어딘지 몰라 갈 수 없었다. 내가 하도 우니까 주인은 좀 쉬다가 다시 군인을 받으라고 했다. 얼마 지난 후 정기

검사를 하면서 밑이 작다고 군의가 아래를 칼로 찢었다. 생살을 그렇게 짼 것이니 그 아픔은 말로 할 수 없었다.

위안소에서는 '유키에'라는 이름으로 불렸다. 아침저녁 두 끼를 먹었는데 배가 고픈지 안 고픈지도 몰랐다. 일주일에 한 번씩 군의가 와서 여자들을 검사했다. 주인에게서 삿쿠를 받아서 사용했다. 나는 병에 걸려 치료를 받은 적이 있었다. 늑막에 물이 차서 주사기로 누런 물을 빼냈는데 참기 어려울 만큼 아팠다.

주인은 군인을 적게 받으면 욕을 했다. 나는 몸이 너무 아파서 주인 모르게 그냥 내보내기도 했다. 어떤 군인은 그냥 나가지만 어떤 사람은 "빠가야로"라고 욕을 하고 나갔다. 그러면 주인이 욕을 하며 때리고 밥도 주지 않았다. 내가 밤낮 우니까 주인은 나를 상해로 넘겨버렸다. ❞

流言蜚語取締

【金泉】 당지농촌에는 처녀는 모다북지로 보낸다는 유언비어가 도라다니므로 이것을 염려한처녀를가진 농가에서는 자기딸을빼앗기기전에 속히 출가시키기위하야 급속히 결혼준비에 분망중이라는바 이같은 무근지설의 출처를당국에 탐지된바 전연사실이없는딸을 행상하는 엿장사와 박물장사들의 입으로 나온것이라하야 당지경찰서에서는 차등비진설을 소통시키는자들을 그대로 방임할수없다하야 엄중취조할 작정이라한다

여성 동원에 관한 신문기사. 1938년 경북 김천에서는 '농촌 처녀는 모두 북지(북중국)로 보낸다'는 소문이 돌았다. 이 때문에 딸을 둔 농가에서는 빨리 결혼을 서둘렀다고 한다. 이에 대해 경찰은 소문을 유언비어로 단정하고 이를 퍼뜨리는 사람을 엄중 취조하겠다고 대응했다.[3] 1938년은 경북 김천에서 홍강림이 일하는 집의 50대 여성에 의해 중국 요녕성의 봉천(현재의 심양)으로 보내진 해이다. 위의 기사는 이때 김천 지역을 대상으로 조선 여성을 중국으로 보내는 움직임이 있었고, 이 때문에 농가들이 두려워했음을 시사한다.

### 장사의 위안소 생활은 끔찍했다-상해·남경을 거쳐 장사로

"봉천의 주인이 나를 상해위안소에 팔아먹었다. 상해의 주인은 그래도 봉천의 주인보다 나았다. 상해에는 집들이 많고 번화했다. 이 위안소에서 열다섯 살에서 스무 살 정도 된 여자들이 열다섯 명쯤 있었다.

1년쯤 지난 후 상해 주인이 우리들을 데리고 남경으로 갔다. 그런데 남경에는 이 주인이 운영할 마땅한 위안소가 없어서 다시 호남성의 장사長沙로 갔다. 남경에서는 다른 사람이 경영하는 위안소에 머물면서 군인을 받아야 했다.

장사에는 군인들이 아주 많았다. 그곳 생활은 참으로 끔찍했다. 큰 부대 근처에 위안소가 있고 주위에 소부대가 흩어져 있었는데, 여자들이 한 달씩 돌아가며 소부대 군인들을 상대하러 가야 했다. 주인이 시키는 대로 중국인 일꾼이 끄는 수레에 이불 한 채를 싣고 소부대로 갔다. 수레를 따라 걸어가는데 거의 한나절이 걸렸다. 부대 앞의 조그만 방에서 한 달간 나 혼자서 그 부대의 군인들을 상대해야 했다. 군인이 하나 나가면 또 들어오고, 나가면 또 들어오고, 낮에도 밤에도 왔다. 문 앞에 군인들이 줄줄이 서서 기다리고 있었다.

밥은 하루 두 끼씩, 부대에서 군인들이 먹는 밥을 통에다 가져다주었다. 쉬는 날도 없었다. 얼마나 아팠는지 모른다. 하도 힘들고 신세가 처량해서 밥도 안 먹고 산에 가서 울기도 했다. 돌아올 때 너무도 아파 걸음을 못 걸으면 이불을 싣고 가는 중국 사람이 보다 못해 수레에 앉으라고 해서 걸터앉아 오기도 했다. 이 남자가 군인들에게 돈을 받아 주인에게 주었다. 내가 돌아오면 다른 여자가 교대로 갔다.

소부대에 가 있을 때에도 일주일에 한 번씩 의사가 와서 성병검사를 했다. 한번은 술 취한 군인이 칼을 가지고 와서 행패를 부려 화장실로 달아나 숨은 적도 있었다. 그렇게 장사에 제일 오래 있었는데 몇 년쯤이었는지는 모르겠다.❞

## 중국 전선의 위안소

∧<

상해는 일본군이 가장 먼저 위안소를 개설한 지역으로 유명하다. 1932년 제1차 상해사변 때 상해파견군의 참모부장과 고급 참모가 위안소 설치를 지시하고 '위안부'를 데리고 왔다. 병사들이 강간사건을 자주 일으켜서 성문제를 해결한다는 것이 명분이었다. 일본 육군은 상해의 해군을 모방해서 위안소를 두었다고 하는데, 이를 통해 육군에 앞서 해군이 위안소를 개설하고 있었다는 사실을 알 수 있다. 사진은 상해 지역의 위안소이다. 왼쪽은 해군특별육전대의 지정위안소였던 우미노이에海乃家의 본관 입구이다.[4] 위쪽은 상해 강만진江灣鎭 지역에서 민간인이 경영했던 위안소. 입구에 "성전대승의 용사, 대환영"이라고 적어놓았다.[5]

▲
1938년 남경에 개설된 위안소. 일본군들이 몰려들어 안을 들여다보고 있다.[6]

위안소 앞에 줄지어 서 있는 병사들. 1937년 소집되어 2년 반 동안 중국 전선에 참전했던 무라세 모리야스村瀨守保가 찍은 사진이다. 전쟁을 반대했던 무라세 모리야스는 중국 전선 곳곳에서 셔터를 누르면서 인간다운 태도를 잃지 않으려고 노력했다고 한다. 그리고 2005년 일본군의 잔학상이 폭로되고 여론의 조사를 받는 시점에서 전쟁의 광기에 휘말려들지 않았던, 어느 병졸의 관점에서 전장의 한 장면을 사진집으로 출간한다고 밝혔다.[7]

# 장사 위안소에 관한 일본군의 회고 기록

〈장사 위안소 견학〉

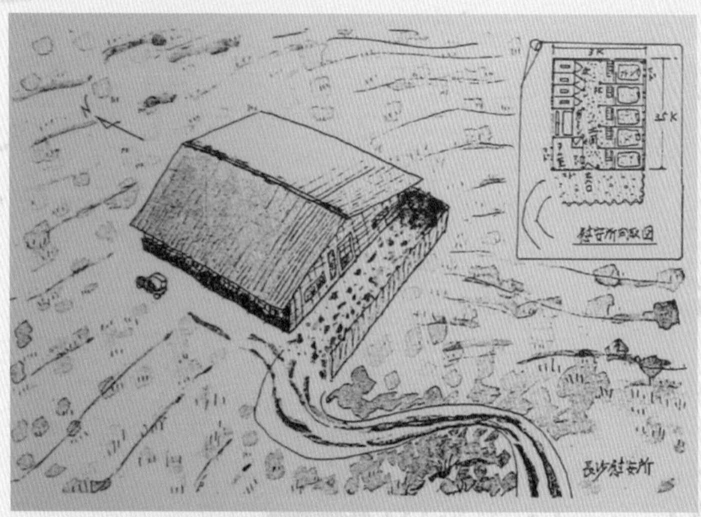

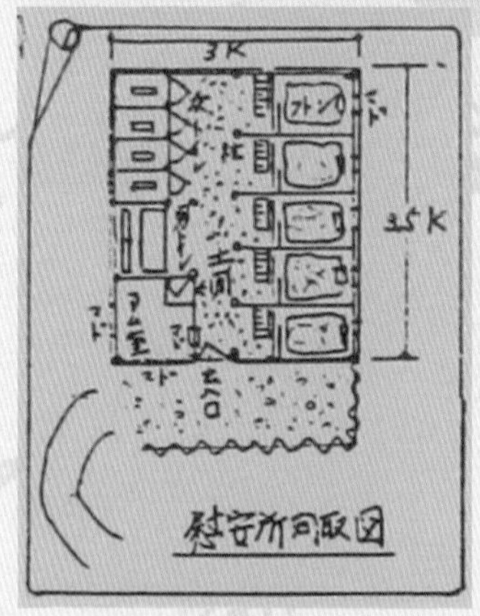


어느 일본군 출신이 회고한 장사 위안소이다. 회고록 속에는 그가 본 대로 위안소와 내부 구조를 그린 삽화가 포함되어 있다. 장사 위안소에 관해서는 다음과 같이 기록했다.[8]

"위안소란 전지에 마련되는 임시 공창시설이다. 당연히 사령부의 한 부서가 관리하며, 그 보호관리 속에서 업자가 영업을 할 수 있도록 하고 있다. 정말 불안정하기 짝이 없는 장사이지만, 젊은 장병들에게 한 순간의 향락을 제공하고 한쪽은 이를 꿈꾸며 부지런히 걷는다. 어떤 건물에 있고, 어떤 보석이 갖추어져 있는지 한번쯤은 알고 싶다. 그건 그렇고 우리는 12일이나 걸려서 저런 위험한 길을 지나 겨우겨우 지친 상태로 도착하였는데, 그녀들은 이미 전운이 드리워져 분주했던 2, 3개월 전부터 저 길을 통해 왔던 것이다. 그리고 지금은 몸을 팔아 장사에 전념하고 있으니 그저 놀라울 뿐이다. 물론 고귀한 여성이라고 생각되지는 않지만, 아무래도 나와는 인연이 먼 사람들이지 않을까?

차는 풀로 뒤덮인 언덕에 올라서서 임시로 두른 판자 울타리 안에 집 한 채가 덩그러니 서 있는 곳 앞에 멈췄다. 입구에는 '장사위안소'라는 간판이 요란하게 걸려 있었고, 때마침 석양빛으로 밝게 빛나고 있었다. 안을 들여다보니 전선이 멀리 진출해 있고 격전 중인 탓인지 손님은 적어 보였다. 반 평 정도의 흙마루 안쪽에는 이부자리를 펴놓은 채인 다다미 3장 정도의 객실 한 칸이 있고, 그 주위에는 외풍도 통과하는 합판으로 둘러져 있었으며, 그럴싸한 색깔도 향기도 없는 살풍경 그 자체였다. 응접실에는 전부 5개의 방이 있었다. 하지만 역시 이부자리만은 야한 것들이었다. 흙마루로 된 통로를 사이에 두고 반대편에는 사무실, 남자 화장실, 여자 화장실이 차례로 있었고, 그다지 특별할 것도 없는 건물이었다. 5칸의 객실 중 현재 두 칸은 사용 중이었다. 여자 한 명과 통로에서 엇갈렸다. 결코 마음이 움직일 만한 상대는 아니었다. 불결한 공기와 허무함이 교차한 듯한 것이 그녀를 둘러싸고 있었다. 그럼에도 불구하고 긴 시간 동안 여성에 대해 사모하는 마음을 북돋아온 나로서는 분홍색 공기에 일순간 닿은 듯한 기분이 들면서 보이지 않는 전류가 온몸을 관통하는 듯했다.

여기서 만난 젊은 남녀는 언제, 어디서 목숨이 다할지 모른다는 마음을 찰나에 연소시킨다. 오히려 비통한 마음을 부딪히는 것뿐일지도 모른다. 남자도 여자도 언제 고국에 돌아갈 수 있을지 몰라 거의 절망적인 마음이지 않을까? 보이지 않는 운명의 실에 조종당하며 무의식중에 움직이고 있는 것일뿐이다. 훗날 들은 이야기로는 그녀들은 종전 후 일본 장병이 내지로 귀환했을 때 마지막 역할을 도맡아 중경군과 공산군을 막아냈다, 라는 사실이 전쟁사의 뒷이야기로 있다고 한다. 전쟁의 피해자는 여러모로 묻혀 사라지고 있다. 설사 이 여성들이 사람의 눈을 피해 귀국할 수 있었다고 하더라도, 평생 동안 꺼렸던 과거를 타인에게 들키지 않으려 어두운 여생을 보냈던 것은 아닐까. 조금 둘러보기 만하고, 오래 있을 만한 곳은 아니기 때문에, 30분 정도 후 돌아가는 길에 올랐다. 그저 복잡한 감정인 채로 차로 달려가면서 서쪽의 석양을 보고 생각에 잠겼다."

GB554
E852
第二国民兵役
陸軍二等兵の戦争体験
—九死に一生を得た思い出とざんげ の記録—
梶川 勝


일본 육군 2등병 출신의 어느 일본인도 중국 장사 근처에서 급조된 위안소를 이용해야 했던 자신의 경험을 전쟁체험기로 기록하고 1991년 4월 발간하였다.[9] '삐-집'은 위안소, '~삐'는 '위안부'를 가리키는 속어이다. '삐'는 중국말로 성기를 속되게 가리키는 말이다. 병사들 사이에서 '조선삐', '중국삐' 등으로 불리면서 '위안부'들은 인간이 아니라 하나의 성기로서 사물로 취급받았음을 알 수 있다. 150쪽은 해당 내용이다.

"이상한 것은 이러한 오지奧地에 특수간호부라고도 불린 종군위안부 부대가 왔었다. 그리고 4일간 주류예정인 마을에 위안소가 개설되었다. '삐-집'이라고 했다. 장병의 성욕 처리에 봉사하는 여성들은 조선의 농촌에서 모집하거나, 강제로 연행해온 여성들이라고 한다. 모두 미혼의 처녀를 골랐다고 한다. 또한 총검으로 위협해서 끌고 온 중국 여자도 꽤 있다고 했다. 그녀들은 각각 조선삐, 중국삐라고 불렸다. 반장은 히죽히죽 웃으면서 조용히 총구 뚜껑 하나씩 주었다. 콘돔이었다. '돌격 1번'이라고도 했다.

'삐-집'은 짚과 멍석으로 에워싸인 급조된 막사였다. 폭은 2.5미터, 깊이 3미터 정도의 수십 개 방으로 칸막이된 하모니카식 기다란 집 두 채가 세워져 있었다. 이것은 하사관 이하의 전용이었고, 장교용은 별도로 약간 멋진 것이었다.

여자들은 옷을 모두 벗고 자고 있었다. 상관이 "1인 30분"이라고 지시했지만 10분이라도 지나면 밖에서 차례를 기다리는 병사들이 "빨리 해"라고 고함쳤다. 1회 30전이었는데 1엔이 아니면 제대로 상대해주지 않는다고 했다. 고참병이 "보는 것은 20전, 만지는 것은 30전, 사정은 1엔"이라고 경험을 말했다. 장교는 3엔이었다고 한다.

어떤 마음으로 상대를 하는 것일까. 불쌍함이 앞질러서 "적어도 나만이라도" 불심佛心을 일으켜 30전을 주면서 "필요 없어" 하고 삐-집을 나왔다. 여자는 "고맙습니다"라고 고개를 들고 손을 흔들었다. 만족한 것일까. 병사들은 미소를 띠고 돌아왔다."

그 고생은 말도 못한다

“일본이 전쟁에 진 뒤 주인은 보따리를 싸서 달아나버렸다. 일본 사람들도 차를 타고 가버렸다. 모두 전쟁에 졌다고 난리였다. 중국 사람들은 우리가 일본 사람이라고 생각해서 옷도 다 빼앗고 막 때렸다. 다들 덤벼들고 때리니 여자들은 겁이 나서 차가 있으면 차에 올라 뿔뿔이 흩어졌다.

위안소에 찾아오던 조선인 운전병이 나에게 무한의 적경리로 가라고 알려주었다. 나를 포함한 여자 4명이 무한으로 가는 조그만 노 젓는 배를 탔다. 서로 다른 위안소에 있던 여자들이라 누가 누군지도 잘 몰랐다. 그중 한 명은 배에 탈 때부터 아팠는데 결국 죽고 말았다. 배 주인이 그 애를 강물에 던졌다.

무한에 내린 후 여자들은 다시 뿔뿔이 흩어졌다. 그때는 중국말도 못해서 무서워 벌벌 떨었다. 무한에 오니 적경리에 있는 조선 여자들이 매를 맞는 소리가 밖에까지 들린다는 소문이 있어서 그리로 가지 않았다. 나중에 알고 보니 당시 적경리에서 아편하는 여자들을 따로 관리했는데 그 여자들이 지르는 소리였다고 한다.

나는 일본 조계의 술 파는 집에서 반찬 만들고 설거지 하는 일을 했다. 어느 추운 날, 술집 앞에 나와 앉아 가지도 오지도 못하는 내 신세를 생각하고 울고 있었다. 그때 지나가던 남자가 왜 우냐, 어디서 왔냐 하고 묻더니 불쌍하다고 나를 자기 집으로 데리고 갔다. 그 사람 집은 돈도 없고 먹을 것도 없고, 심지어는 옷과 이불도 없고, 아무것도 없었다. 그렇게 나는 스물세 살의 총각인 그와 결혼하고 그 집에서 살았다. 나는 벙어리처럼 말도 못했다. 밥을 먹으라면 먹고, 앉으라면 앉고, 자라면 잤다. 말을 못 알아듣고 어디가 어딘지 모르기 때문에 남편이 하라는 대로 그냥 할 뿐이었다. 그 고생은 말도 못한다.

한동안 아이가 생기지 않으니 남편은 애도 못 낳는다고 나를 때렸다. 생각해보니 고향에서도 고생하고 위안소에서도 고생하고 이 집에 와서도 고생하고 먹지도 못하게 하니 이게 사람이 사는 것인가 싶어 죽으려고 집을 나와 강으로 갔다. 그런데 남편이 달려와 다시 집으로 데려갔다. 그 후 아들 둘을 낳았는데 첫째는 태어나 바로 죽었다. 싸울 때면 남편은 너는 조선 사람이니 그렇다고 했다. 나도 성질이 나서 욕을 하면 내가 '위안부'였다는 사실을 들춰내며 때리고는 했다. 그 남편도 1년 전에(1993) 저 세상으로 갔다. 나는 서른 살 즈음부터 공장에서 일하다가 퇴직하고 지금은 매달 나오는 퇴직금으로 생활하고 있다.❞

## 사용하지 못한
## 여권 사진

중국에 남아 있던 피해 여성 중 유독 홍강림은 한국의 옛 노래를 잘 기억하고 자주 불렀다. 홍강림의 생전 모습을 담은 다큐멘터리 〈낮은 목소리-아시아에서 여성으로 산다는 것〉(1995) 안에서 홍강림은 '타향살이'와 같은 옛 노래들을 흥얼거리며 눈물을 훔치다가 제작진에게 고향에 언제 갈 수 있는지 묻는 모습을 보여준다.

정신대연구회 조사팀이 무한을 떠날 때도 고향에 가고 싶은 마음을 강하게 내비쳤다. 조사팀이 떠난 후 홍강림은 사진관에 가서 여권 사진을 찍고 여러 장 인화해서 고향에 갈 준비를 했다고 한다. 그리고 한 갑 피우던 담배를 두 갑으로 늘렸다고도 했다. 그러나 여권 사진은 끝내 사용하지 못했다. 전쟁이 끝나고 중

다큐멘터리 〈낮은 목소리-아시아에서 여성으로 산다는 것〉 캡처. 영화 속에서 홍강림은 하상숙과 함께 고향을 떠올리는 노래를 부르다가 눈물을 흘리고 있다. "날 데려 가거라. 우리 동생 앞에 날 데려 가거라"는 가사였다.

국정부는 중국에 남은 한인들의 국적을 북한이나 중국으로 처리했다. 한국 국적이 아니었던 홍강림은 한국 방문을 위한 초청 문제와 국적 회복 문제의 해결이 늦어지고 복잡해지면서 고향 가기를 애타게 기다리다 1999년 중국 무한에서 작고했다.

*

홍강림의 이야기는 다음 참고문헌의 내용을 인용, 요약, 정리했다.


• 홍강림 구술, 고혜정 정리, 〈집에서도 불쌍하고 나와서도 불쌍하다〉, 《중국으로 끌려간 조선인 군위안부들》, 한울, 1995.

# ‘남양군도’로 끌려가다

# 최복애(가명)

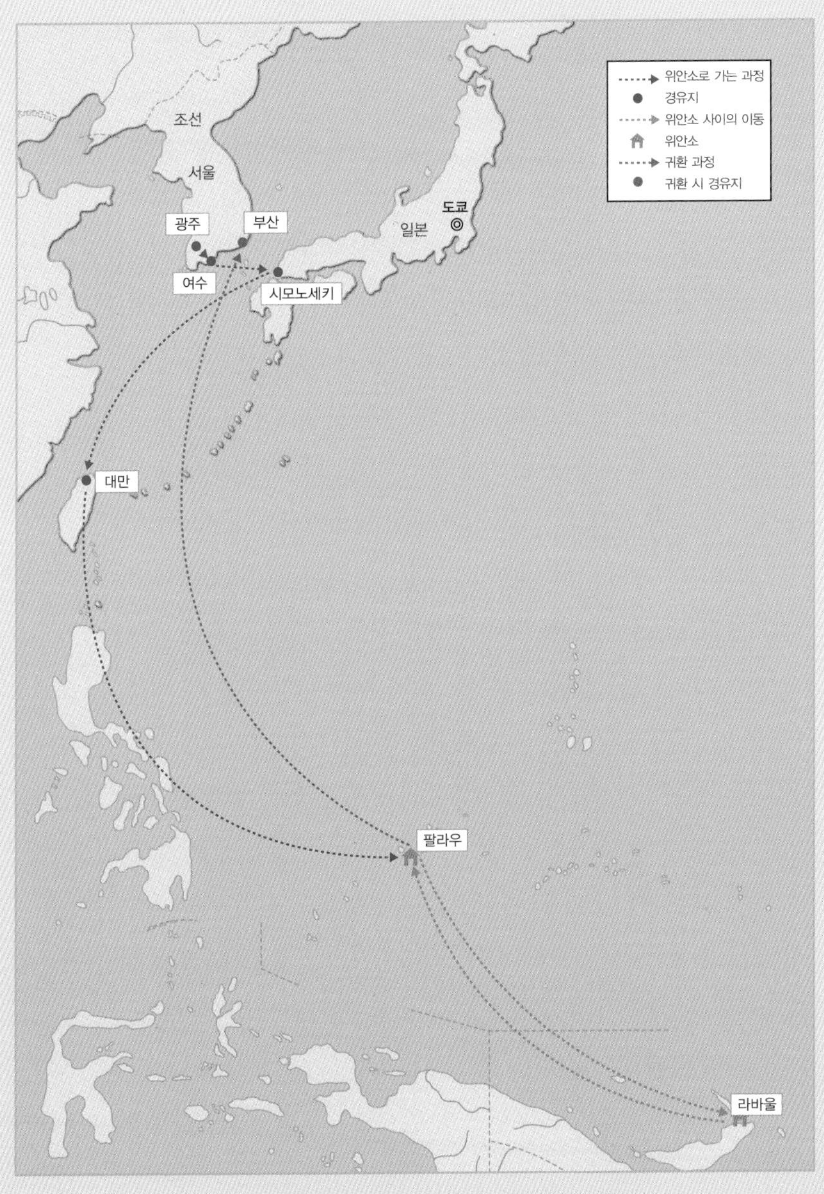
위안소로 가는 과정
경유지
위안소 사이의 이동
위안소
귀환 과정
귀환 시 경유지
조선
서울
광주
부산
여수
시모노세키
일본
도쿄
대만
팔라우
라바울

최복애의 이동경로

## 강제동원 노동자에서 '위안부'로

최복애(가명)가 자신의 피해 사실을 신고할 결심을 한 것은 2005년 6월에 들어서였다. 2005년 2월부터 일제강점하 강제동원피해 진상규명위원회의 피해 조사가 시작되었고, 시·군·구, 읍·면에서는 군인, 군속, 노동자, '위안부' 등 강제동원 피해자들의 피해 신고를 받는다고 전국이 들썩이고 있었다.

최복애에게 신고를 권한 사람은 아들이었다. 아들은 평소 일본어를 잘 하고 외국에서 간호사를 했다는 어머니가 강제동원 피해자라고 생각했다. 최복애는 살고 있는 지역의 신고기관을 찾지 않고 굳이 고향인 광주 지역의 구청을 찾아가 피해 신고를 했다. 팔라우와 라바울 등지에 강제동원 되어 노동자로 일했다는 내용이었다.

노동 동원 피해자로서 피해 조사에 응하는 동안 최복애는 군인들 간호를 하거나 수발을 들거나 하면서 '일'을 해야 했다는 말을 반복했다. 그 '일'들 중에 "군인들에게 몸을 줘야 했다"는 말도 섞여 있었다. 이 과정에서 아들은 어머니가 강요당한 '일'이 무엇이었는지 비로소 눈치를 챘다. 최복애는 아들 외에 다른 가족들이 자신의 피해를 아는 것을 원치 않는다고 신신당부를 했다.

그리고 약 1년 후인 2006년 5월, 일제강점하 강제동원피해 진상규명위원회의 서울사무실에서 '위안부' 피해 조사 담당자가 최복애를 찾아왔다. 사실 '위안부' 피해 생존자의 피해 조사는 지역의 신고기관을 거치지 않고 바로 담당 조사관이 조사하기로 되어 있었다. 군인, 군속, 노동자 등 다른 피해자와는 달리 '위안부' 피해자는 자신의 피해 사실과 그 내용이 노출되기를 원치 않는 경우가 많기 때문이다. 또한 그 피해 내용 파악을 위해 생존자의 구술에 상당 부분을 의지해야 하는 '위안부' 피해의 특성상 전문 조사관이 바로 면담을 할 필요가 있었다.

그러나 최복애는 노동자로 피해 신고를 했고, 지역의 조사를 거쳐 서울사무실에 이관되고, 또 노동 피해 담당 조사관이 '위안부' 피해자로 판단하여 다시 이관하기까지 약 1년의 시간을 써버리고 말았다. 그러하기에 담당 조사관이 다시 최복애를 만나러 갈 때까지 모든 과정이 조심스러웠다.

## 태평양전쟁의 격전지였던 태평양 섬들, 그리고 '남양군도'

최복애는 팔라우와 '남양군도'를 구분하면서 팔라우는 '후방'으로 '남양군도'는 '전쟁터'로 기억하고 있다. 또 '남양군도'에는 일반인은 없고 전부 군인만 있었다고 한다.

그러나 실제로 팔라우는 '남양군도'에 속해 있는 섬이었다. 말 그대로라면 '남양군도'는 남쪽 바다의 섬들이라는 뜻을 지니지만 역사적으로는 제1차 세계대전 이후 일본이 실질적인 식민지로 지배했던 중부 태평양 지역의 섬들이다. 현재 미크로네시아를 이루는 섬들 중 사이판, 티니안, 로타 등 북마리아나제도와 팔라우, 얍, 축, 폰페이, 코스라에 등 캐롤라인제도, 그리고 얄루이트 등 마셜제도를 가리킨다. 일본은 1914년 11월 이 지역들을 점령하고 군정을 실시하면서 자원을 확보해 일본군의 태평양 진출 교두보로 삼았다.

제1차 세계대전이 끝난 뒤 일본은 '위임통치'를 한다는 명목으로 '남양군도'를 실질적인 식민지로 삼았다. 1922년에 팔라우에 남양청 본부를 설치하고 사이판, 얍, 폰페이, 얄루이트, 팔라우에 각 지청을 설치해서 통치했다.[1]

1941년 12월 이후 일본이 제2차 세계대전을 도발한 시기, 미군과 일본군의 전투는 태평양 섬 지역을 중심으로 전개되었다.

남양청 대신 일본 해군이 이 지역에 대한 통제를 장악하였고 늘어난 군인을 대상으로 위안소도 설치되었다.

'남양군도'에 조선인들이 이주하기 시작한 것도 1917년이었으며, 노동자 강제동원이 시작된 1939년 이후 그 수가 급격히 늘어났다. 태평양전쟁을 대비하고 또 그 격전지가 되면서는 군인과 '위안부'도 동원되었다. 식민지기를 살았던 조선인들에게 '남양군도'는 일본의 정치적 지배가 미치는 지역이었으며 전쟁을 치른 지역으로 인식되고 있었다. 1942년 1월에 일본군이 점령한 뉴브리튼섬의 라바울은 본래는 '남양군도'에 속해 있지는 않았지만, 태평양 섬의 일본군 전투지로 끌려다니면서 '위안부' 생활을 강요당하는 여성에게는 전쟁을 치르는 '남양군도'의 일부로 인식되기도 했다. 그래서 최복애와 라바울에서 '위안부' 피해를 입은 여성들이 자신은 '남양군도'에 끌려갔었다고 생각했던 것이다.

남양청 본부가 있었던 팔라우는 일본의 '남양군도' 통치의 중심이었다. 미군은 팔라우의 중심지인 코롤섬과 본도인 바벨다옵을 폭격만 했을 뿐, 상륙하지는 않았다. 반면 남쪽에 떨어져 있으면서 큰 비행장이 있던 페렐리우섬과 앙가울섬은 격전지였다. 이 섬들에서 일본군 병사들은 거의 전사했지만, 일본군이 미리 민간인을 다른 섬으로 이동시켰기 때문에 민간인 사망자는 없었다. 한편 북마리아나제도의 사이판, 티니안, 괌에서는 1943년 2월부터 1944년 12월까지 민간인을 일본 본토로 강제 소개疏開하는 과

팔라우의 남쪽 섬 페렐리우의 산악지대를 넘어가고 있는 미군 전차부대.[2] 사이판과 티니안 전투에서 승리한 미군은 1944년 9월부터 페렐리우섬에 상륙을 개시했다.

정에서 미군의 공격을 받아 선박이 침몰하기도 하였다.[3] 공습침몰로 인한 군인과 민간인의 사망 소식은 다른 섬들에도 파다하게 퍼지면서 공포심을 증대시켰다. 이러한 환경 속에서 팔라우에 머물렀던 최복애는 자신이 상대적으로 안전한 지역인 '후방'에 있다고 생각했던 것으로 보인다.

일본 가자고 아우성

“1922년 전남 광주에서 태어나 자랐다. 조부모님과 부모님, 그리고 아홉 남매 대식구가 살았다. 학교는 다니지 않았고 열여섯인가, 열일곱인가에 광주에 있는 방직공장에 다녔다. 집에서 농사일을 돕고 살다가 공장에서 사람 뽑는다는 말을 듣고 고향에서 세 명이 가서 취직이 됐다. 공장 기숙사에서 지내면서 광목 먼지 터는 일을 했다.

공장에서 한 2년 일했을 때였다. 그때 일을 하는데 모두 일본 가자고 아우성들을 쳤다. 누가 선도자인지는 모르겠고 너도나도 일본 가자고들 하니까 나도 따라나섰다. 그때는 일본 간다고 하면 좋아들 했다. 그때가 열여덟인가, 열아홉인가. 1939년 아니면 1940년 초겨울이었다.

여러 명이 갔다. 모두 남광주역에서 기차를 탔다. 그 다음에 어디로 갔는지 어느 역인지도 모르겠다. 또 자고 또 타고 했다. 공장 사람뿐 아니라 다른 데서도 많이 왔다. 시골에서 모집해온 사람이 많았다. 여수에서 배를 타고 일본에서 또 배를 타고 대만에서도 다시 배를 탔다. 기차가 멈출 때마다, 배를 갈아탈 때마다 여자들이 늘어났다.

남양군도에 도착할 때까지 한 달 열흘이 걸렸다. 팔라우에 도착해서 몇 달을 있었다. 팔라우는 후방이고 남양군도는 전쟁터인데, 또 남양군도에 가라고 해서 몇 년을 가 있었다. 남양군도에는 일반인은 없고 전부 군인이었다.”

멍충이마냥 모르는 시간들

“남양군도에서는 군인들 접대만 했다. 판잣집처럼 방만 쭉 있는 기다란 집이었다. 나무로 말뚝을 박아 땅이랑 조금 떨어지게 지은 집이었다. 근처에는 전부 낮은 산이었고 이런 집이 여러 개가 있었다. 부대랑 가까운 곳에 있었는데, 일반인이 없었기 때문에 부대 안이나 마찬가지였다.

젊은 일본 남자가 관리를 했다. 기숙사 관리하는 사람이 또 있었고 식당에서 일하는 일본 사람도 있었다. 관리인이 몇 명 되었던 것 같다. 주인은 따로 있었지만 그 옆에 살면서 잘 오지는 않았다. 감독만 불러서 얘기했다. 애들 없이 부인하고 지냈다.

밥은 우리가 교대로 식당에 나가서 먹었다. 다 조선 여자였는데 옆방에 누가 있었는지는 모르겠다. 당시에는 얘기도 하고 지냈던 것 같은데 지금은 기억이 나지 않는다.

늦은 아침을 먹었는데, 아침을 먹고 나면 군인들이 왔다. 군인들이 맨날 버글버글했다. 비행기를 타고 가는 사람도 있었고 싸움도 나가서 하는 사람이 있었고 또 쉬는 사람이 있었고. 교대로들 싸웠다. 아무래도 낮에는 시간 여유가 없었다. 밤에는 별 달린 사람이 많이 왔고. 군인들은 시간이 있으면 아무 때나 왔다.

내가 있는 방의 문 앞에는 11호라고 방 호수가 매겨져 있었다. 침대 하나 놓으면 겨우 움직일 수 있는 공간이 있는 작은 방이었다. 그 집 이름이 명월정이었든가, 이름이 있었는데 잘 모르겠다. 나는 '아이코'라고 불렸다. 처음에 썼던 이름은 '아야메'였다. 옷은 잘 해 입혔는데 다 빚이라고 했다. 옷을 해주면 입고 안 해주면 말고, 주는 대로 입었다. 우리 마음대로 가서 옷을 사 입지는 못했다. 돈은 반은 주인, 반은 나, 그렇게 해서 차차 갚아나가도록 했다.

군인들은 조바帳場라고 불린 카운터에 돈을 내고 들어왔다. 군인들이 '삿쿠'를 가지고 다녔고 또 군인들이 나가면 세숫대야 물에다 뿌옇게 약을 타서 소독물을 만들어 씻었다. 일주일에 한 번씩 군인들이 치료하는 병원으로 가서 성병 검사도 했다. 내가 병에 걸린 적은 없었다.

달력도 없었고, 오늘이 몇 월 며칠인지도 모르겠고, 그곳에서는 멍충이마냥 모르는 시간들이었다.”

## 라바울에서 임신하고 팔라우에 있다가 해방되고 나왔다

"팔라우에서 한참 있었다. 여기서도 있고, 저기서도 있고, 꼭 한 군데만 있지는 않았다. 그래서 그런지 기억은 잘 나지 않는다. 팔라우 '후방'에 있다가 라바울에 간 적이 있었다. 주인하고 간 것이 아니라 여자 여럿이 갔다. 거기도 팔라우처럼 방이 쭉 하니 있었다. 주인은 같은 사람이라도 관리인이 달랐다. 주인이 라바울에도 집만 두고 돈을 벌어라 하고 여자들만 보낸 것이었다.

라바울에 갔다가 팔라우로 나왔다. 라바울에서 어린애가 있어서 나왔다. 애기 있어갖고. 애기, 임신을 한 거라. 일주일마다 가서 검사를 하기 때문에 병원에 가니까 임신을 했다고 나가라고 했다. '전방'이라 애기를 못 낳게 하더라고. 그래서 할 수 없이 나왔다. 같이 있던 사람 중에도 임신한 사람이 많았다.

팔라우에서는 처음의 주인에게 갔다. 갈 데가 없으니까. 아는 사람도 없고. 임신하고 청소하고 부엌일을 하면서 지냈다. 팔라우에서 해방되고 그 이듬해에 나왔다. 애기가 기어다닐 때쯤 나온 것 같다. 빚을 갚고 돈을 벌었다 해도 갖고 나올 수는 없었다. 그 나라에서 못 가지고 가게 했다. 배를 탈 때 한국으로 가는 사람들 한 명 앞에 3만원씩밖에 못 갖고 가게 몸 조사를 하고 그랬다. 그래서 다 내버리고 왔다.

코 큰 사람들이 우리를 보내줬다. 갈 적에는 그렇게 여러 날 걸렸어도 그 사람들이 나올 때는 한 일주일밖에 걸리지 않았다. 내린 데가 부산인가. 직접 한국으로 왔다. 부산에서도 또 짐 검사를 했고 우리가 갖고 온 것은 다 빼앗겼다. 나도 무엇인가 갖고 나오다가 빼앗겼다. ”

# 삽화로 그린
# 태평양전쟁의 기억

**v >**

1941년 입대하여 관동군에 배속되었다가 1942년 10월 라바울로 이동하여 제8방면군사령부 선전반이 되었던 다키구치 이와오滝口岩夫는 전쟁이 끝난 뒤에도 비참한 전장의 모습이 머릿속에서 떠나지 않았다. 전쟁을 알지 못하는 사람들에게 전쟁기록화를 그려 전장의 진실을 알려줘야겠다고 생각했고 1999년 그 초판을 내었다. 다키구치 이와오가 전하고 싶은 진실은 전쟁이라는 이름하에 인간이 얼마나 악마가 될 수 있는지, 아군과 적군의 병사들뿐만 아니라 평화롭게 살던 사람들이 얼마나 허무하게 목숨을 잃을 수 있는지에 대한 것이었다. 다음 두 컷의 삽화와 내용은 라바울의 위안소에 관한 것이다.

출장위안소와
엿보는 병사들
일요일의 라바울 시내 위안소에서
순서를 기다리는 병사들
내일의 생사도 모르는 병사들

"일요일에 외출하여 라바울 시내의 작은 거리를 걷는다. 재미도 없는 남방의 거리에 병사들의 최고의 즐거움인 위안소가 늘어서 있다. 안에 들어가서 놀랐다. 여성 방의 밖, 복도에 젊은 병사들의 행렬이다. 서 있기도 하고, 앉아 있기도 하고, 점심을 먹고 있거나, 바지를 벗고 다음 순서를 기다리기도 하며 끝나고 방에서 나온 훈도시 차림의 병사도 있다. 기다리는 시간, 길게 늘어선 줄을 보고 있으면 정신이 아찔해진다. 라바울에서 멀리 떨어진 클롱 지역에 주둔하고 있는 부대에는 출장위안소가 있다. 부대 내에 임시 가옥을 만들고 병사들은 흥분하고 있다. 전우는 위안소에서 돌아갈 때 여성의 허리끈과 손수건을 훔쳐 와서 가슴 주머니에. 붉은 허리끈을 목에 걸고, 꿈을 꾸고 있는 것과 같은 공허한 눈.[4]

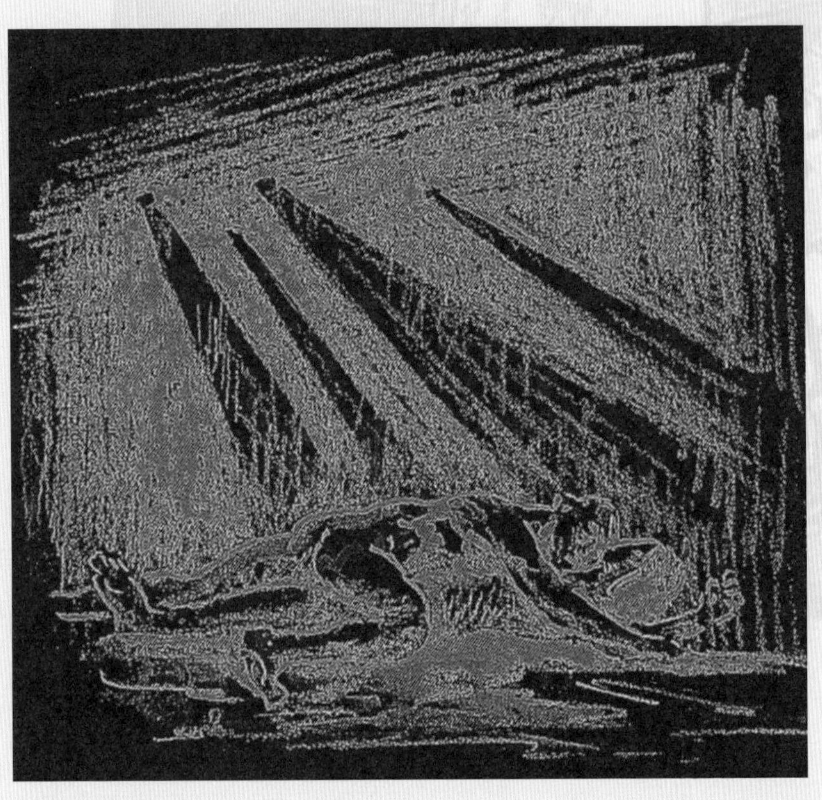

라바울 최전선 기지로 많은 여성이 군인과 함께 일을 했다. 특수간호부(위안부)라고 불렸고, 몇 명이었는지는 모르겠다. 일본인과 조선인 여성이 있었다. 라바울은 일본군의 최남단 기지였고 다른 섬들의 전장으로 출발하는 일본 병사들이 잠깐 쉬는 장소이기도 했다.

병사들에게 최후의 안락. 이제부터 우선, 사느냐 죽느냐 - 다시는 여성과 즐기지 못할지도 모른다. 몇 분간의 안락을 맛본 병사는 유감없이 전장으로 향했다. 미군기의 공습으로 적의 폭탄이 위안소의 지붕을 관통하여 취침 중의 위안부와 병사가 겹친 그대로의 모습으로 사망한다든가……. 이 이야기는 라바울에 있는 병사들에게 화제가 됐다. "여자와 자다 죽으면 최고의 행복"이라고 부러워한 병사도 있었다."[5]

어머니의 비나리

“언제 돌아왔는지 모르겠다. 춥지도 덥지도 않은 가을이었다. 팔라우에서 낳은 아이는 업고 왔다. 친정밖에는 갈 데가 없었다. 애기를 업고 오니까 엄마가 하여튼 놀랐다. 지금처럼 연애 걸고 어쩌고저쩌고 하는 시대가 아니었기 때문에 노인들이 창피해하기도 하고. 기집애가 나가서 애기 낳아서 오니까 좋지 않았다. 아기는 세 살인가 네 살인가, 병에 걸려 아파서 죽었다.

엄마한테는 남양군도라고는 말 못하고 일본에 와 있다고 편지를 보낸 적이 있었다. 남한테 써달라고 해서 그저 잘 있다고만 썼다. 엄마는 내가 거의 죽은 줄 알고 있다가 편지를 받고 나서 맨날 장독간에 물을 떠다 놓고 빌었다고 했다. 그래서 내가 안 죽고 살아온 거다.”

## '남양군도'로 끌려갔던 일본인 '위안부', 시로다 스즈코城田すず子(가명)

사이판, 축('트럭')섬, 팔라우에서 '위안부' 생활을 강요받고 전쟁이 끝난 뒤 일본으로 돌아온 시로다 스즈코(가명)는 자신의 경험을 말하면서 전쟁의 비참함과 '위안부'들의 고통을 알렸다. 한국 언론은 1990년에 시로다 스즈코를 인터뷰하고 그녀가 보고 듣고 겪었던 조선인 '위안부'의 참상을 알렸다.

韓國人정신대 참상폭로

日참회로 원혼 달래야

정글에 버려진 女人들 잊을수없어

1990년 5월 7일 《경향신문》의 인터뷰 기사. 이때의 인터뷰에서 시로다 스즈코는 다음과 같은 말을 전했다.

"지금의 젊은이들에게 다시는 종군위안부라는 비극의 길을 밟지 않도록 하기 위해서라도 과거 태평양전선에서 무슨 일이 일어났는지 반드시 알려야 한다."

"그러기 위해서 다시는 되새기고 싶지 않은 악몽을 지우려하기보다 용기를 갖고 일본군이 저지른 죄악을 세상에 폭로해야 한다."

"지금도 다 해진 한복을 입은 한국 여자들이 절벽 아래로 몸을 던지는 악몽에 시달리곤 한다."

"전쟁이 끝난 귀국선을 타고 올 때 정글에 버려진 채 울부짖던 가엾은 한국인 여자들이 어떻게 됐는지 생각하면 가슴이 미어진다."

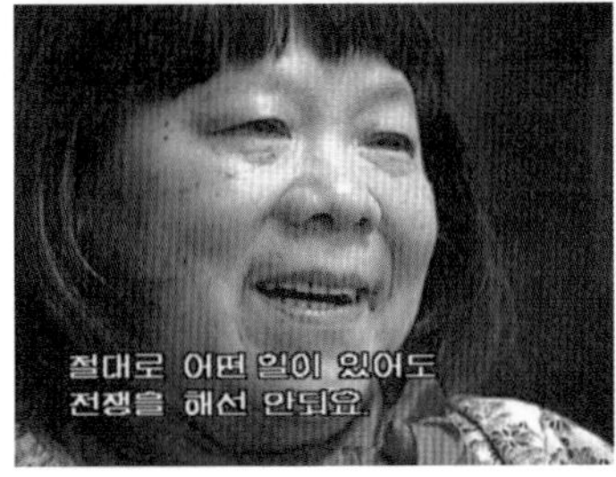


▲
시로다 스즈코가 한국의 TV 다큐멘터리에 출연하여 자신의 경험과 생각을 말하고 있다. 한국방송공사KBS는 1990년 8월 10일 밤 10시 1TV를 통하여 〈광복45주년 특별기획: 태평양전쟁의 원혼들 제2편 침묵의 한〉을 방영했다.

함께했던 '위안부' 피해자들을
위로하기 위해 세운 추모비

시로다 스즈코는 1921년 도쿄에서 태어나 유복하게 자랐지만, 여학교 2학년 때 집안이 몰락하자 빚을 갚기 위해 애보기 일을 하다가 요코하마橫浜 유곽으로 매매되었다. 17세에는 대만 마궁媽宮의 상반루常盤樓 위안소로 보내져 '해군 전용'의 성노예 생활을 해야 했다. 어떻게든 탈출하고 싶어 '손님' 한 명을 속여 귀국했지만 집안에서는 자신을 받아들여주지 않았고, 동생들이 배고픔과 질병으로 고생하는 것을 보고 다시 '남양군도'의 위안소로 갔다.

사이판에서는 '미사코'라는 이름으로, 축섬에서는 견청정見晴亭이라는 위안소에서, 팔라우에서는 홍수원紅樹園이라는 위안소에 있었다. 홍수원에서는 조선과 오키나와 여자 아이들 20명이 해군특수부대를 담당하도록 배정되어 있었다. 격렬한 공습이 시작되었고 정글에 피신하고 있었는데 일본군 부대에서 "살아남은 육·해군 병사를 위해 위안소를"이라고 하면서 정글 안에 집을 지었다. 시로다 스즈코는 홍수원 지점을 담당했다. 이후 일본이 패전하자 시로다 스즈코는 미군 군함을 타고 1946년 3월 일본 가나가와神奈川현 우라가浦賀로 귀환하였다.

일본으로 돌아온 시로다 스즈코는 자포자기한 상태로 유곽을

전전하며 살았다. 그러다가 동생들의 사망 소식을 듣고 어떻게든 빚을 갚고 제대로 살고 싶다는 마음이 들어 성매매 여성들의 갱생시설인 도쿄의 자애료慈愛寮로 갔다. 이후 지바千葉현에 소재한 탈성매매 여성들의 공동체인 가니타여성의마을かにた婦人の村에서 평온한 일상을 꾸려나갔다. 자신의 이야기를 정리해 《마리아의 찬가マリヤの讃歌》(1971)라는 책도 냈다.

전쟁이 끝나고 40년이 지났을 무렵, 시로다 스즈코는 기도할 때마다 당시 동료들의 모습이 떠올라 견딜 수 없는 정도가 되었다. 하지만 일본 어디에서도 '위안부'에 관한 목소리는 한마디도 나오지 않았다. 마음을 어떻게 해야 할지 몰라 목사에게 추모비를 세워달라고 얘기했고, 언론을 통해 알려지고 기부금이 모이면서 1986년 마을에 '아아 종군위안부噫 従軍慰安婦'라는 비를 세울 수 있었다. 매년 8월 15일에는 '위안부' 피해자들을 위로하는 진혼제가 열리고 있다. 시로다 스즈코는 '위안부'들의 영혼을 위해 기도하는 것이 전장에서 살아남은 사람들의 의무라고 생각했다. 부지런히 일기도 쓰고 편지도 쓰고 인터뷰에도 응했다. 1993년 3월 작고한 뒤에도 시로다 스즈코의 이야기는 계속 전해지고 있다.

시로다 스즈코의 스케치.[6] 1984년 무렵 같은 위안소에 있었던 여성들에 대한 꿈을 자주 꿨다. 시로다 스즈코는 좀처럼 잠들 수 없었으며, 이들의 영혼을 위로하고 싶다는 생각을 강하게 했다.

시로다 스즈코가 스케치북에 그린 '위안부' 피해자 추모비'.[7] "여성들이 엄청 많이 나와 기뻐하는 듯 몰려들었다. 여러 곳에서 날아와 모여들어 가니타산 정상에"라고 적고 있다.

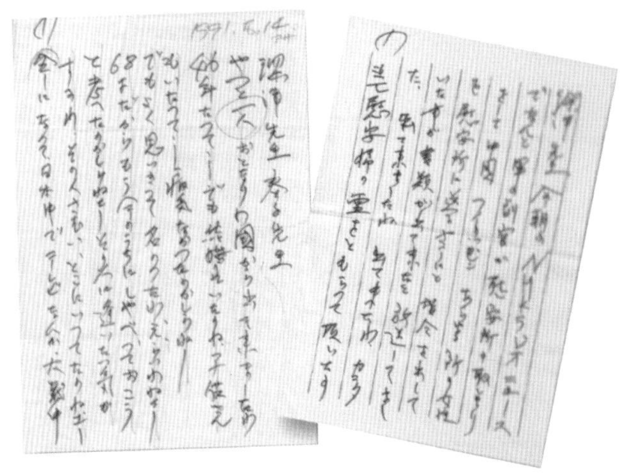

1991년 8월 14일 한국의 생존자 김학순이 최초로 공개 증언을 한 날, 시로다 스즈코가 시설장 앞으로 보낸 편지.[8] "앞에 나서다니 정말 대단합니다, 그 사람을 만나고 싶습니다"라고 썼다.

가니타산 위에 세워진 추모비. 비석에는 "아아 종군위안부噫 従軍慰安婦"라고 새겨져 있다.

*

최복애(가명)의 이야기는 다음 참고문헌의 내용을 인용, 요약, 정리했다.

• E○○, 윤명숙 면담, 〈어머니가 물 떠다 놓고 빌어서 내가 안 죽고 살아 온 거야〉, 《일본군위안부 피해 구술기록집: 열두 소녀의 이야기 들리나요?》, 대일항쟁기 강제동원피해조사 및 국외 강제동원 희생자 등 지원위원회, 2013.

# 버마 미치나의
# 조선인 '위안부' 이야기

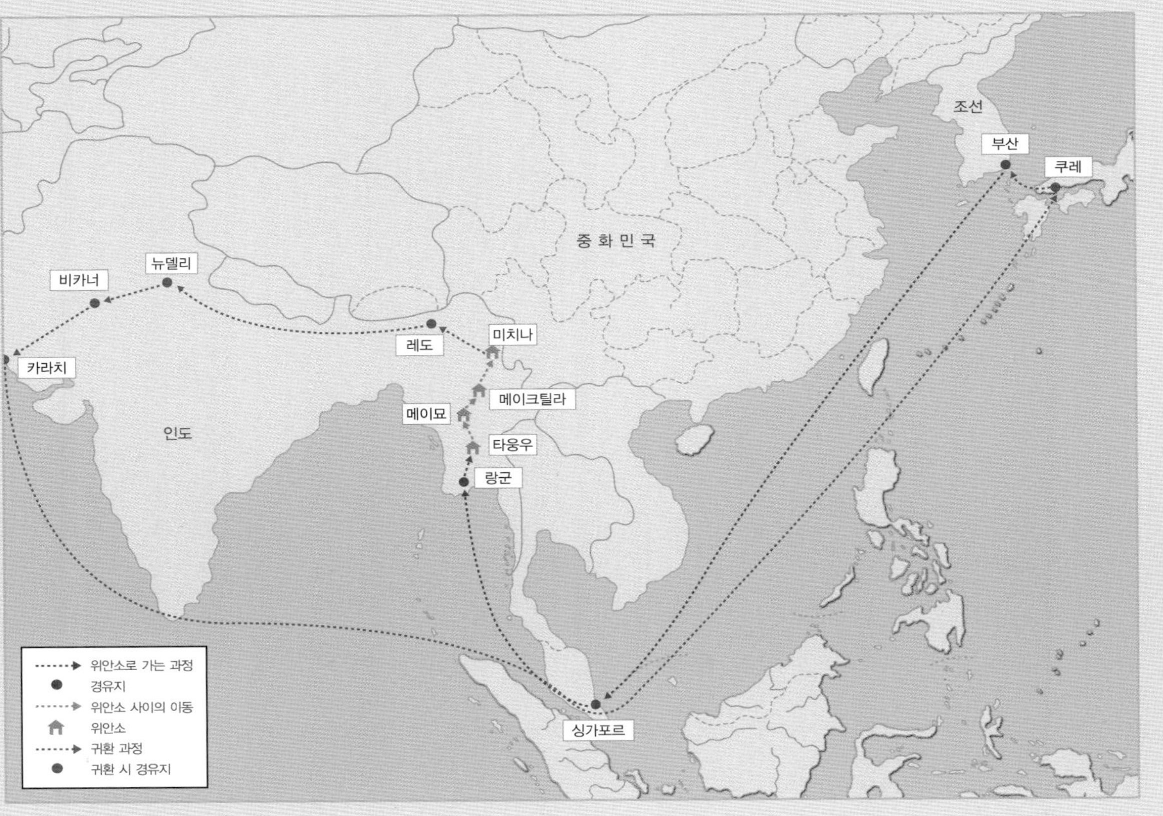
조선
부산
쿠레
중 화 민 국
뉴델리
비카너
카라치
레도
미치나
메이크틸라
메이묘
타웅우
랑군
인도
싱가포르
위안소로 가는 과정
경유지
위안소 사이의 이동
위안소
귀환 과정
귀환 시 경유지

^
이동경로

## 미국에서
## 단서를 찾다

한무리 여성들을 담은 흑백 사진이 있다. 기념 촬영 구도의 사진이다. 여성들의 표정과 시선이 눈길을 끈다. 둘은 아예 고개를 숙였다. 두세 명만이 카메라를 응시할 뿐 대다수 여성들은 다른 곳을 바라보고 있다. 이와 달리 왼쪽의 남성 군인들은 카메라를 응시하며 밝은 표정을 짓고 있다. 이 군인들이 여성들을 데리고 사진 촬영에 임하고 있었다. 도대체 이 군인들과 여성들은 누구이고, 어떤 상태에 놓인 것일까?

여성들을 둘러싼 철조망이 보여주듯, 이들은 1944년 8월 버마 북부의 미치나에서 연합군에게 포로로 붙잡혔다. 버마 미치나에 개설되었던 일본군의 위안소로 끌려온 조선인 '위안부'들이었다. 이들은 언제, 어떻게, 왜 이렇게 먼 이국의 전쟁터에 끌려왔을까. 이 스무 명의 여성들은 어떻게 연합군의 포로가 되었을까. 이름은 무엇이고 몇 살일까? 고향은 어디일까? 그리고 어떻게 되었을까? 한 장의 사진에 대한 질문들이 끊임없이 꼬리를 물고 우리의 궁금증을 불러일으켰다.

우리 연구팀은 사진의 원본을 확인하려고 미국으로 갔다. 이 사진은 미국 국립문서기록관리청 2관(NARA II)에 보관되어 있었다. 국립문서기록관리청 5층 사진실에는 미군 사진부대가 촬영한 전쟁사진들이 있다. 그 방대한 사진 더미 속에서 미치나의 조선인 '위안부' 사진을 확인했고, 그 이미지 뒤의 정보를 확인했다. 이 정보들이 단서가 되었다. 누가 언제 어떤 의도로 이 여성들을 촬영했는지 추적할 수 있는 또 다른 단서들이 우리 눈에 들어왔다.

사진 뒤편 캡션을 통해 사진 속 남성 군인들이 누구인지 확인할 수 있었다. 그 가운데 주목되는 것은 맨 앞에 앉아 있던 원-로이 챈Won-Loy Chan 대위였다. 사진 캡션을 통해 우리는 당시 그가 이 사진을 프린트해서 따로 가져갔다는 것을 알 수 있었다. 나중에 우리 연구팀은 그의 회고록에서 이 사진을 다시 볼 수 없었다. 이 회고록에는 여성들의 이야기가 여러 에피소드로 소개되고 있다. 그는 중국계 미국인으로 당시 정보장교였다. 그의 임무는 포로들을 심문하고 여러 정보들을 수집해 분석하는 것이었다.

챈 대위가 처음 마주했을 때 여성들은 두렵고 불안한 표정을 짓고 있었다. 몇몇은 눈물을 흘리고 있었고, 또 몇몇은 고개를 숙이고 마치 기도를 하는 듯한 모습이었다. 이들은 젊은 여성들이었고, 챈 대위는 이들이 매력적이라고 생각했다. 그가 그녀들에게 얻으려 했던 것은 일본군 군사정보였지만, 크게 도움을 얻지는 못했다. 대부분은 일본어를 유창하게 말하지 못했고, 자신들이 처한 상황을 혼란스럽게 생각했기 때문이었다.

미군과 여성들 사이의 소통을 위해 나선 것은 위안소 업자로

'마마상'이라고 불리던 여성이었다. '마마상'은 미군 중 일본어를 가장 잘했던 그랜트 히라바야시Hirabayashi 병장을 통해 여성들의 운명에 대해 물었다. 챈과 히라바야시는 그녀들이 여기에 잠시 갇혀 있다가, 인도로 보내진 후 결국에는 조선으로 돌아가게 될 것이라고 답해주었다. 그때서야 여성들은 안도의 표정을 지었지만 완전히 해소된 것은 아니었다. 버마라는 먼 이국땅으로 끌려와 2년 넘게 위안소에서 지내면서 남은 것이라곤 마마상의 오비(기모노의 띠) 속에 감춰진 일본군 군표밖에는 없었다. 이 군표는 이제 가치 없는 골동품에 불과했다. 챈 대위는 이를 안타깝게 여겨 군표 두 뭉치를 다른 물건으로 바꿔주었다. 군표가 휴지 조각이 된 것을 아는지 모르는지, 군표들을 미군에게 전부 빼앗기지 않았다는 사실만으로도 만족했다.

이후 챈 대위는 조선인 '위안부'들과 조금은 친밀한 관계가 되었던 듯싶다. 여전히 그녀들은 챈 대위에게 가치 있는 정보를 주지는 못했지만, 그래도 더 적극적으로 말하려고 했다. 또 한 장의 사진은 그렇게 정보를 묻고 대답하는 과정에서 촬영되었다. 미치나 비행장에서의 마지막 날, 미군 병사들은 조선인 '위안부'들을 위안하는 뜻에서 노래를 불러주었다. 기타를 치며 미국, 일본, 하와이의 포크송을 불렀다. 그 답례로 여성들은 '아리랑'을 불러주었다. 다음 날, 이들은 버마를 떠나 인도의 수용소로 보내졌다.

1944년 8월 14일, 미치나 서쪽 비행장에 설치된 임시 수용소에서 조선인 '위안부' 20명과 미군들이 사진 촬영을 했다. 사진을 찍은 사람은 164통신 중대 소속 시어러이다. 사진의 왼쪽에는 미군들이 줄지어 앉아 카메라를 바라보고 있는데, 이들은 왼쪽 앞에서부터 원-로이 챈 대위, 로버트 혼다 병장, 그랜트 히라바야시 병장 그리고 하워드 후루모토 병장이다. 오른쪽에 앉아 있는 여성 20명은 조선인 '위안부'였다. 이들은 8월 10일에 붙잡혀 5일간 이곳에 있다가 8월 15일 미치나를 떠났다.[1]

^
챈 대위와 히라바야시 병장이 조선인 '위안부'들을 심문하고 있다. 오른쪽의 히라바야시 병장이 문서와 사진을 손으로 가리키면서 일본군에 관한 정보를 확인하고 있다.[2]

<
원-로이 챈이 버마에서의 전투 경험을 회고하면서 펴낸 《버마: 말하지 않은 이야기》이다. 이 책에는 챈이 경험한 조선인 '위안부'들에 대한 에피소드와 함께 그들의 사진이 남아 있다.[3]

## 심문보고서에서 그녀들을 발견하다

이 여성들의 이야기는 두 개의 연합군 심문보고서로 남아 있다. 인도로 보내진 여성들과 위안소 업자는 연합군에게 여러 번 심문을 받았고, 그 결과가 두 개의 보고서로 작성되었다. 하나는 미국 전시정보국 심리전팀이 작성한 〈일본인 포로 심문보고서 49호〉이고, 다른 하나는 영국의 동남아시아번역심문센터가 작성한 〈심리전 회보 2호〉이다.

두 보고서에 따르면 여성들은 일본군의 요청을 받은 업자들의 취업사기 또는 강압에 의해 위안소로 간다는 사실을 모른 채 버마로 끌려왔다. 1942년 5월 조선군사령부의 요청에 따라 조선인 '위안부'의 모집이 시작되었다. 여성들은 열악한 가정환경과 낮은 교육수준 때문에, 동남아시아에서 일을 하며 돈을 벌 수 있다는 감언이설에 속았다. 여성들이 위안소에서 쉽게 빠져나올 수 없도록 가족에게 선불금이 지급되었고, 이로 인해 소위 '채무노예' 상태가 되었다. 1942년 7월 10일 부산항에서 이 여성들은 총 703명의 다른 조선인 여성들과 함께 여객선을 타고 출발했다. 이 배의 승선권도 조선군사령부가 제공한 것이었다. 배는 대만과 싱가포르를 거쳐 최종적으로는 8월 20일 버마 랑군에 도착했다.

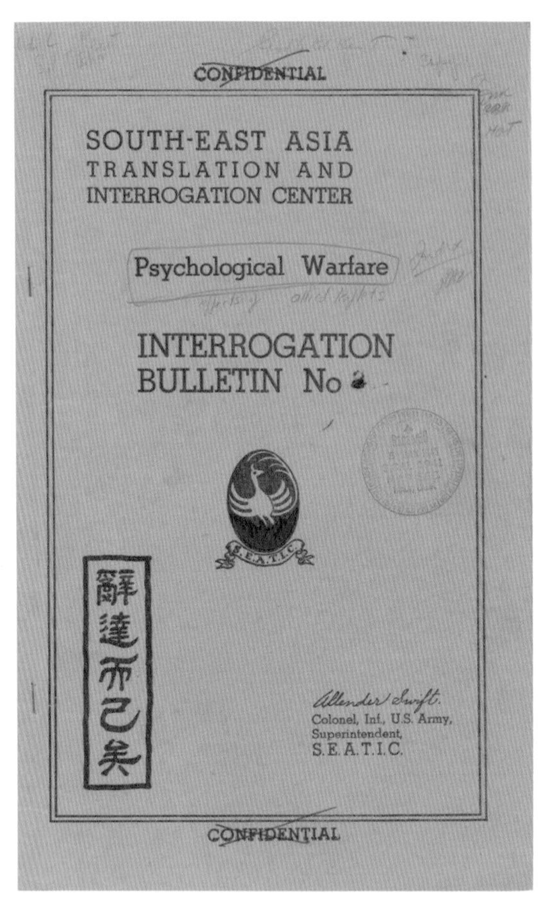

CONFIDENTIAL

SOUTH-EAST ASIA
TRANSLATION AND
INTERROGATION CENTER

Psychological Warfare

INTERROGATION
BULLETIN No 2

S.E.A.T.I.C.

辭達而已矣

Allender Swift.
Colonel, Inf., U.S. Army,
Superintendent,
S.E.A.T.I.C.

CONFIDENTIAL

▲
동남아시아번역심문센터에서 작성한 〈심리전 회보 2호〉이다. 이 보고서에는 다양한 내용이 있는데, 특히 114연대 연대장이었던 마루야마 대좌에 관한 정보들과 함께 위안소 업주였던 기타무라 에이분 Kitamura Eibun에 대한 심문 내용이 있다. 전시정보국의 보고서와 비교했을 때 내용은 적지만, 조선인 '위안부'의 동원 과정과 동원 과정에서 군의 개입, 일본군의 위안소 관리 실태 등 중요한 정보들이 있다. 위안소 업자의 입장에서 일본군의 책임에 대해 이야기하고 있기 때문이다. 마루야마 대좌와 관련해서는 그와 밀접한 관계에 있었다고 알려진 조선인 '위안부' 가와하라 스미코(하돈예)의 증언이 있다. 병사들의 소문과는 달리 하돈예는 마루야마 대좌를 부정적으로 평가하고 있었다.[4]

버마와 싱가포르에서 일본군 위안소 관리인을 지냈던 박□□의 일기 원본과 2013년에 발간된 출판본. 일본군 위안소 관리인의 일기가 발견되면서 '4차 위안단'의 존재가 확인되었다. 이 일기는 당시 위안소 관리인이었던 한 조선인이 버마 등지에서 생활하면서 매일 매일의 일상을 남긴 것으로, 버마 위안소들의 상황, 규모 등을 알려준다. 조선인 '위안부' 20명 또한 '4차 위안단'으로 버마에 동원되었다. 이 일기를 통해 버마에 여러 차례에 걸쳐 조선인 '위안부'들이 동원되었고, 버마 전역에 위안소가 다수 있었다는 것이 확인되었다. 위안소의 업자 이름과 상호 또한 나타나 있다.[5]

랑군에 도착한 조선인 여성들은 20여 명 규모의 무리로 나뉘어 흩어졌다. 20명의 조선인 여성들은 이곳에서 군 '위안부'가 되어 일본군 18사단 114보병연대에 배속되었다. 여성들이 부대를 따라 타웅우, 메이크틸라, 메이묘를 거쳐 최종적으로 향한 곳은 버마 북부의 미치나였다. 1943년 1월이었다. 미치나에는 교에이, 긴수이, 바쿠신로, 모모야 네 개의 위안소가 있었고, 조선인과 중국인 '위안부'들이 있었다. 여성들이 있었던 위안소는 교에이였는데, 이곳의 원래 이름은 마루야마 클럽이었다. 하지만 1943년 114연대 연대장으로 마루야마 대좌가 부임하자 이름이 바뀌게 되었다.

여성들이 있었던 위안소는 원래 침례교의 미션스쿨 건물이었다. 이곳에서 각자 독방을 배정받았다. 그녀들이 처음 미치나에 도착했던 1943년은 아직 사정이 그리 나쁘지 않은 시기였다. 하지만 곧 물자가 부족해지고 생활이 어려워졌다. 일본군이 규칙적인 배급을 하지 않았기 때문에 식사는 위안소 업자 부부가 제공하고 있었고, 이 업자들은 '위안부'들에게 의류나 생필품 등을 과도한 가격에 팔면서 추가 이득을 챙기고 있었다. '위안부'들이 고향으로 돌아가기 위해서는 선불금과 이자를 포함한 모든 빚을 갚아야만 했지만, 이것은 매우 힘든 일이었다. 군 사령부가 돌아갈 조건이 된 '위안부'의 귀향을 허락했을 때도 조선으로 돌아간 사람은 아무도 없었다.

여성들은 위안소에서 일본군의 철저한 통제와 관리를 받았다.

114연대의 연대사령부에서 온 마가수에 대위가 책임연락장교로 나와 있었다. 위안소에 드나드는 사람들의 신원을 확인하기 위한 병사들도 파견되었고, 헌병들이 주위를 경비하였다. 일본군은 위안소의 이용 일정표를 만들었고, 위안소 요금을 연대장 마루야마 대좌가 깎기도 했다. 연합군의 공격을 받아 미치나가 함락 위기에 처한 상황에서도 '위안부'들은 군과 함께하도록 강요되었다. 폭격이 시작되자 여성들은 참호로 들어갔는데, 심지어 그런 상황에서도 몇몇은 '일'을 해야만 했다.

연합군의 미치나 공격은 몇 달간 계속되었다. 미치나가 함락되기 직전인 1944년 7월 31일 밤 미치나의 모든 '위안부'와 업자는 작은 배를 타고 도시 동쪽의 이와라디강을 건넜다. 일본군을 따라가던 이들은 부하들을 버리고 도망가는 마루야마 대좌를 보았다. 며칠 뒤 연합군과 일본군과의 교전이 벌어졌고, 여성 무리는 일본군에서 갈라져 나왔다. 이들은 더이상 이동할 수 없었다. 결국 8월 10일 영국군 병사들에게 붙잡혀 포로가 되었다.

포로가 된 이들이 간 곳은 챈 대위가 있던 미치나 비행장이었다. 이곳에서 다시 인도 아삼주의 레도로 보내졌다. 레도는 장개석에게 물자를 보내기 위한 미군의 보급기지가 있던 곳으로, 포로 심문을 위해 수백 명의 일본군 포로도 있던 곳이었다. 조선인 '위안부' 여성들은 일본인 2세였던 알렉스 요리치라는 미국 전시정보국 심리전팀 소속 병사에게 22일에 걸쳐 자세한 심문을 받았다. 그리고 그 심문 결과가 보고서로 만들어졌다.

Classified

UNITED STATES OFFICE OF WAR INFORMATION
Psychological Warfare Team
Attached to U.S. Army Forces India-Burma Theater.
APO 689

| Japanese Prisoner of War Interrogation Report No. 49. | Place interrogated: | Ledo Stockade |
|---|---|---|
| | Date interrogated: | Aug. 20 - Sept.10, 1944 |
| | Date of Report: | October 1, 1944 |
| | By: | T/3 Alex Yorichi |

| Prisoners: | 20 Korean Comfort Girls |
|---|---|
| Date of Capture: | August 10, 1944 |
| Date of Arrival at Stockade: | August 15, 1944 |

SECRET

**PREFACE:**

This report is based on the information obtained from the interrogation of twenty Korean "comfort girls" and two Japanese civilians captured around the tenth of August, 1944 in the mopping up operations after the fall of Myitkyina in Burma.

The report shows how the Japanese recruited these Korean "comfort girls", the conditions under which they lived and worked, their relations with and reaction to the Japanese soldier, and their understanding of the military situation.

A "comfort girl" is nothing more than a prostitute or "professional camp follower" attached to the Japanese Army for the benefit of the soldiers. The word "comfort girl" is peculiar to the Japanese. Other reports show the "comfort girls" have been found wherever it was necessary for the Japanese Army to fight. This report however deals only with the Korean "comfort girls" recruited by the Japanese and attached to their Army in Burma. The Japanese are reported to have shipped some 703 of these girls to Burma in 1942.

**RECRUITING:**

Early in May of 1942 Japanese agents arrived in Korea for the purpose of enlisting Korean girls for "comfort service" in newly conquered Japanese territories in Southeast Asia. The nature of this "service" was not specified but it was assumed to be work connected with visiting the wounded in hospitals, rolling bandages, and generally making the soldiers happy. The inducement used by these agents was plenty of money, an opportunity to pay off the family debts, easy work, and the prospect of a new life in a new land - Singapore. On the basis of these false representations many girls enlisted for overseas duty and were rewarded with an advance of a few hundred yen.

The majority of the girls were ignorant and uneducated, although a few had been connected with "oldest profession on earth" before. The contract they signed bound them to Army regulations and to work for the "house master" for a period of from six months to a year depending on the family debt for which they were advanced ...

SECRET

DECLASSIFIED ... JCS DECLASSIFICATION ...
DATE ... 1973
ND-97
(1)
DEC 18 1944

인도 아삼주 레도Ledo에 있었던 미국 전시정보국OWI 심리전팀이 작성한 〈일본인 포로 심문보고서 49호〉이다. 3급 기술병 알렉스 요리치가 조선인 '위안부' 20명을 심문하고 그 결과를 정리하였다. 이 보고서는 미치나에 있었던 조선인 '위안부'들의 충원 방법, 버마 이송 과정, '위안부'의 생활, 위안소의 운영과 이용 실태, 일본군에게 버려지고 연합군에게 포로가 된 상황의 전 과정을 상세히 밝히고 있다. 하지만 보고서에 나타난 조선인 '위안부'의 성격, 일본군의 위안소 관리 실태, 위안부의 생활과 처우에 관한 부분은 일본인 업자를 심문하였던 동남아시아번역센터의 〈심리전 회보 2호〉와 비교해 보았을 때 서술에 편향적이거나 어긋난 지점이 나타난다. 따라서 보고서를 해석하는 데 있어 다른 문서나 증언, 회고들과 교차하여 분석할 필요성이 있다.

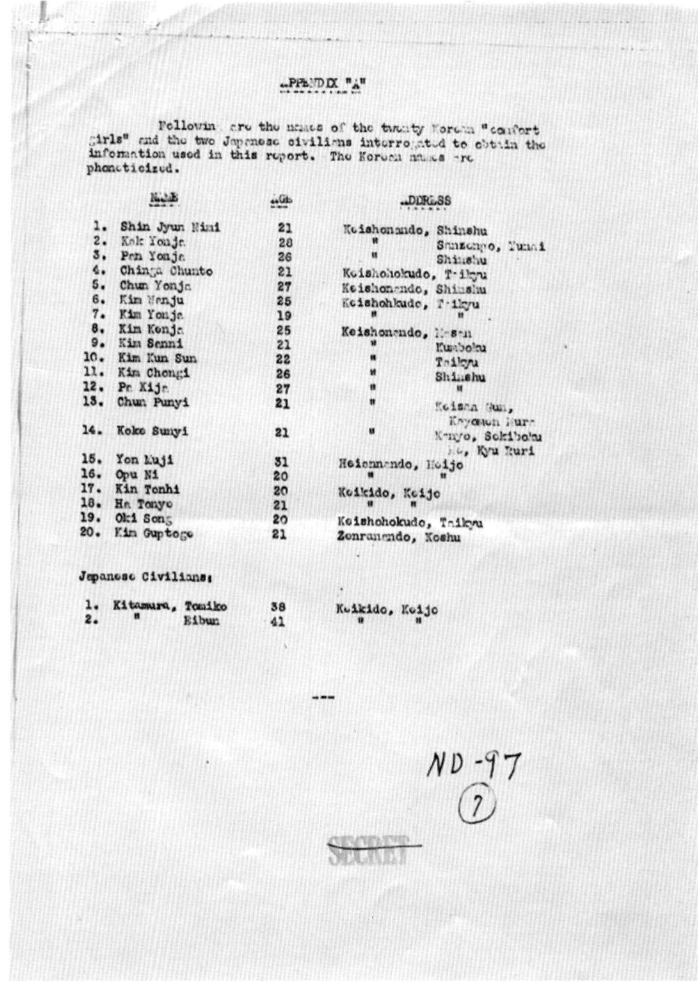

APPENDIX "A"

Following are the names of the twenty Korean "comfort girls" and the two Japanese civilians interrogated to obtain the information used in this report. The Korean names are phoneticized.

| | NAME | AGE | ADDRESS |
|---|---|---|---|
| 1. | Shin Jyun Nimi | 21 | Keishonando, Shinshu |
| 2. | Kok Yonja | 28 | " Sanzenpo, Yunai |
| 3. | Pen Yonja | 26 | " Shinshu |
| 4. | Chinga Chunto | 21 | Keishohokudo, Taikyu |
| 5. | Chun Yonja | 27 | Keishonando, Shinshu |
| 6. | Kim Nanju | 25 | Keishohkudo, Taikyu |
| 7. | Kim Yonja | 19 | " " |
| 8. | Kim Kenja | 25 | Keishonando, Masan |
| 9. | Kim Senni | 21 | " Kusboku |
| 10. | Kim Kun Sun | 22 | " Taikyu |
| 11. | Kim Chongi | 26 | " Shinshu |
| 12. | Pa Kija | 27 | " " |
| 13. | Chun Punyi | 21 | " Keisan Gun, Kayomon Mura |
| 14. | Koke Sunyi | 21 | " Kanyo, Sokiboku Mo, Kyu Kuri |
| 15. | Yon Muji | 31 | Heiannando, Heijo |
| 16. | Opu Ni | 20 | " " |
| 17. | Kin Tonhi | 20 | Keikido, Keijo |
| 18. | Ha Tonye | 21 | " " |
| 19. | Oki Song | 20 | Keishohokudo, Taikyu |
| 20. | Kim Guptoge | 21 | Zenranando, Koshu |

Japanese Civilians;

| | NAME | AGE | ADDRESS |
|---|---|---|---|
| 1. | Kitamura, Tomiko | 38 | Keikido, Keijo |
| 2. | " Eibun | 41 | " " |

---

ND-97

⑦

SECRET

보고서의 부록에는 조선인 '위안부' 20명과 일본인 업자 부부 두 명의 신상 정보가 있다. 이 목록에는 이름과 나이, 출신 지역이 간략하게 나타나 있어 이들이 동원되었을 때의 나이와 고향을 알 수 있다. 보고서가 작성된 1944년 10월을 기준으로 제일 나이가 많은 사람은 31세, 적은 사람은 19세이고, 대부분은 20대 초반이다. 특히 '위안부'로 처음 동원되었던 1942년을 기준으로 하면, 나이가 제일 적은 사람은 17세이고, 18세는 3명, 19세는 7명이나 된다. 출신 지역은 대구와 진주가 제일 많고 다른 사람들도 대부분 경상도였다. 평양이나 광주, 서울 출신도 있었다.[6]

## 여성들의 행적을 추적하다

20명의 조선인 '위안부'들에 대한 이야기는 여기까지 알려져 있다. 보고서가 만들어지고 난 뒤에 이들이 어떻게 되었는지에 대해서는 아직까지 알려진 바가 없었다. 우리는 챈 대위가 여성들에게 말해주었던 것처럼, 이들이 인도 어딘가의 수용소로 갔다가 조선으로 돌아갔을 것이라고 생각했다. 이것을 밝혀줄 단서들은 런던 남부에 있는 영국 국립공문서관TNA에 있었다.

레도를 거친 일본군 포로들이 가는 주요한 장소는 인도 뉴델리였다. 뉴델리에는 미군과 영국군이 포로 심문을 하던 합동심문센터가 있었다. 위안소 업자도 이곳에서 심문을 받았다. 그리고는 인도 각지에 있는 포로수용소들로 보내졌다. 우리가 조선인 '위안부' 들이 보내졌으리라고 기대한 수용소는 두 곳이었다. 하나는 인도 서부 뉴델리 남서쪽에 위치한 비카너Bikaner 수용소였고, 다른 하나는 그보다 동남쪽에 위치한 데올리Deoli 수용소였다. 비카너에는 일본군인이, 데올리에는 일본 민간인들이 주로 수용되어 있었다. 당시 국제적십자사는 연합군이 관리하는 포로수용소들을 정기적으로 시찰하여 포로수용소가 국제기준에 적합하게 운영되고 있는지를 확인하고 이에 대한 보고서를 남겼는데, 이 보고서를 통해서 조선인 '위안부' 들의 행적을 알 수 있었

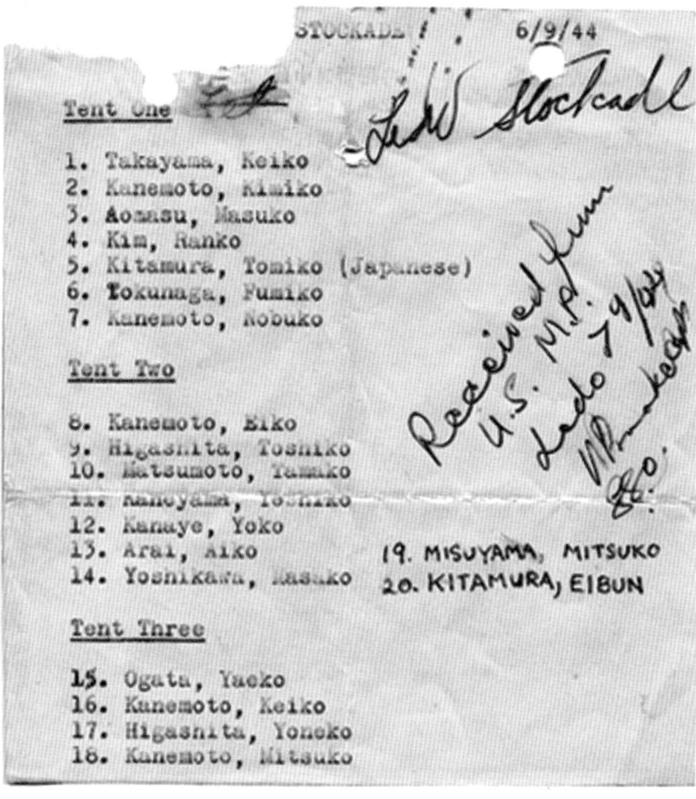

STOCKADE 6/9/44

Ledo Stockade

Tent One

1. Takayama, Keiko
2. Kanemoto, Kimiko
3. Aomasu, Masuko
4. Kim, Ranko
5. Kitamura, Tomiko (Japanese)
6. Tokunaga, Fumiko
7. Kanemoto, Nobuko

Tent Two

8. Kanemoto, Eiko
9. Higashita, Toshiko
10. Matsumoto, Tamako
11. Kaneyama, Yoshiko
12. Kanaye, Yoko
13. Arai, Aiko
14. Yoshikawa, Masako

Tent Three

15. Ogata, Yaeko
16. Kanemoto, Keiko
17. Higashita, Yoneko
18. Kanemoto, Mitsuko

19. MISUYAMA, MITSUKO
20. KITAMURA, EIBUN

Received from U.S. M.P. Ledo 7/9/44

▲
레도 수용소 관리부대의 서류 더미에서 발견된 작은 메모에는 조선인 '위안부'들의 창씨명이 적혀 있다. 1944년 9월 6일에 작성된 것으로, 세 개의 텐트에 '위안부'들이 나뉘어 수용되어 있다는 것을 알 수 있다. 다만 이 메모에는 위안소 업자인 기타무라 부부를 빼면 18명의 이름만 나타나고 있다. 메모에서 빠진 2명 중에는 이름이 확인된 가와하라 스미코(하돈예)의 이름이 없다. 아마도 다른 이유로 이 시기에 함께 있지 못한 것으로 추정된다. 이 이름들은 창씨명이기 때문에 〈일본인 포로 심문보고서 49호〉의 명단과 일대일 대조는 쉽지 않지만, 유사한 이름들은 찾을 수 있다.[7]

C O N F I D E N T I A L

HEADQUARTERS ADVANCE SECTION 3
S.O.S., U.S.A.F. IN C.B.I.
APO 689

OFFICE OF THE S-2

5 September, 1944

SUBJECT: Clothing for Female Prisoners of War.

TO : Director, American Red Cross, APO 689.

THRU : Headquarters, Advance Section 3.

1. Pursuant to authority vested in you by the International Red Cross, "Letter HQ. 207 MRWS" of 31 July, 1944, it is requested that the following items be made available for the female prisoners of war now in this base.

210 Yards, Khaki drill cloth
3 pr scissors, 4" blade or longer.
10 thimbles
50 needles
25 spools khaki color thread.
10 dozen hooks and eyes
10 dozen metal snaps
200 khaki colored buttons
200 white buttons
6 packages, straight pins.

2. Suitable garments of wearing apparel may be made by the above mentioned personnel.

3. It is requested that the materials mentioned be procured as soon as possible. This office will take care of forwarding same.

JEAN L. JONES
Major, D.C.,
A-2

C O N F I D E N T I A L

1944년 9월 5일에 작성된 이 문서를 통해 조선인 '위안부'들의 생활을 조금이나마 추측할 수 있다. 이 문서는 레도를 관리하던 미군 보급부대SOS가 미국 적십자에 여성 포로들을 위한 옷감과 재료들을 요청하는 내용이다. 조선인 '위안부'들은 포로가 될 당시에도 의복 상태가 좋지 못했고, 미군들은 여성들에게 지급할 적당한 옷을 가지고 있지 못했기 때문에 이러한 요청을 했던 것으로 보인다. 210야드(약 200미터)의 카키색 옷감과 가위, 바늘, 단추 등 옷을 직접 제작하기 위한 재료들이 나열되어 있다.[8]

^
데올리 수용소의 전경. 국제적십자에서 촬영한 사진이다. 이 수용소는 1939년부터 1946년까지 운영되었다.[9]

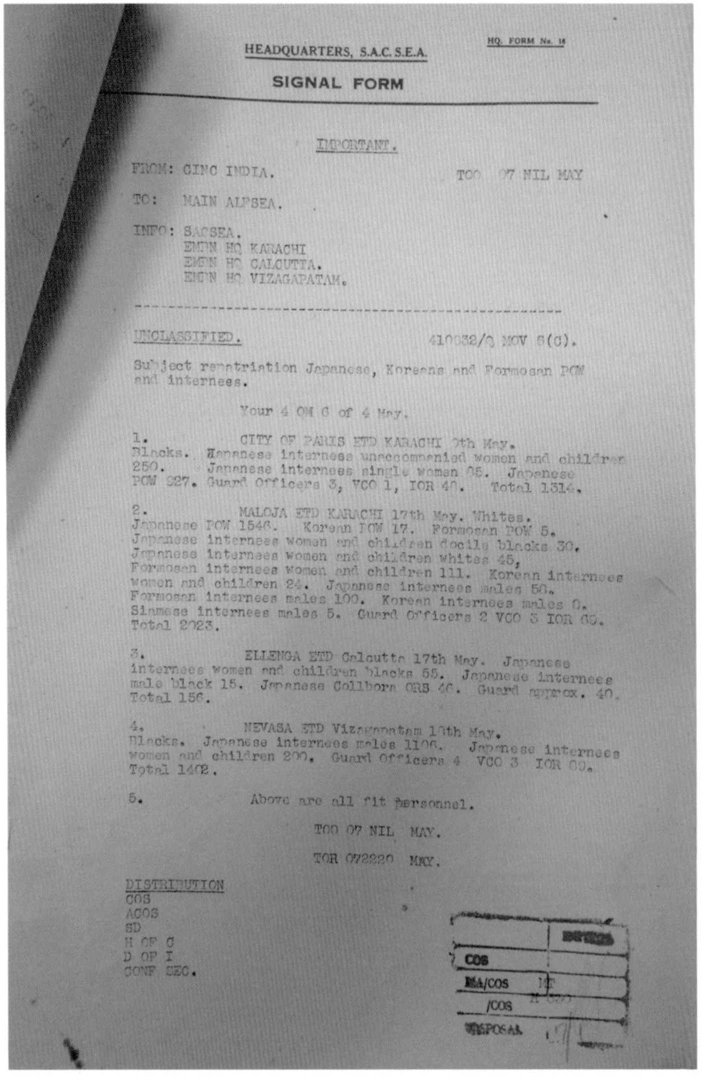

HEADQUARTERS, S.A.C. S.E.A. HQ. FORM No. 16

SIGNAL FORM

IMPORTANT.

FROM: CINC INDIA. TOO 07 NIL MAY

TO: MAIN ALFSEA.

INFO: SACSEA.
EMBN HQ KARACHI
EMBN HQ CALCUTTA.
EMBN HQ VIZAGAPATAM.

UNCLASSIFIED. 410032/Q MOV 6(c).

Subject repatriation Japanese, Koreans and Formosan POW and internees.

Your 4 OM 6 of 4 May.

1. CITY OF PARIS ETD KARACHI 9th May. Blacks. Japanese internees unaccompanied women and children 250. Japanese internees single women 95. Japanese POW 927. Guard Officers 3, VCO 1, IOR 40. Total 1314.

2. MALOJA ETD KARACHI 17th May. Whites. Japanese POW 1546. Korean POW 17. Formosan POW 5. Japanese internees women and children docile blacks 30. Japanese internees women and children whites 45, Formosan internees women and children 111. Korean internees women and children 24. Japanese internees males 50. Formosan internees males 100. Korean internees males 0. Siamese internees males 5. Guard Officers 2 VCO 5 IOR 60. Total 2023.

3. ELLENGA ETD Calcutta 17th May. Japanese internees women and children blacks 55. Japanese internees male black 15. Japanese Collbora ORS 46. Guard approx. 40. Total 156.

4. NEVASA ETD Vizagapatam 19th May. Blacks. Japanese internees males 1106. Japanese internees women and children 200. Guard Officers 4 VCO 3 IOR 69. Total 1402.

5. Above are all fit personnel.

TOO 07 NIL MAY.

TOR 072220 MAY.

DISTRIBUTION
COS
ACOS
SD
H OF C
D OF I
CONF SEC.

COS
MA/COS
/COS

^

동남아시아연합군최고사령관SACSEA 인도사령부에서 발송한 조선인, 일본인, 대만인 포로와 억류자들의 귀환 상황에 대한 전보. 1946년 동남아시아의 각 사령부에서는 포로들을 고향으로 돌려보내면서 그 진행과정에 대한 정보를 수시로 교환했다. 1946년 5월 17일 카라치 항구에서는 말로하호를 타고 2023명의 포로들이 귀환할 예정이었는데, 이 중에는 조선인 여성과 아이 24명이 포함되어 있었다.[10]

다. 이에 따르면 '위안부' 여성들은 데올리 수용소에, 업자 부부는 비카너 수용소에 보내졌다고 한다. 데올리 수용소에는 일본 민간인 여성이나 아이뿐만 아니라 일본인 간호사들도 많이 수용되어 있었다.

마지막으로 이들의 귀환 과정에 관한 궁금증이 들었다. 전쟁이 끝난 뒤 여성들은 조선으로 돌려보내졌을 것이기 때문이다. 다른 지역과는 달리 인도에 있는 수용소에는 조선인들이 많지 않았기 때문에, 여성들은 일본인들과 함께 귀환했을 가능성이 컸다. 그렇다면 수용소와 가까운 인도 서부의 항구들이 그 출발지였을 것이다. 우리가 발견한 한 장의 문서에서는 1946년 5월 17일 당시 인도 서부의 항구였던 카라치Karachi에서 조선인 여성과 아이 24명이 연락선 말로하Maloja호에 승선할 예정이라는 짧은 보고가 기록되어 있었다. 이들이 정확히 조선인 '위안부'인지는 알 수 없었지만 이들이 20여 명의 여성이라는 것, 조선인이 거의 없던 인도 서부라는 것, 이 두 가지 사실을 토대로 우리 연구원은 이들이 '위안부'들이 아니었을까 추측하게 되었다. 아마도 이렇게 조선인 '위안부'들은 조선으로 돌아오게 되었을 것이다.

정말로 먼 여정이었다. 비행기로 전 세계를 하루 만에 누빌 수 있는 오늘날에도 인도는 먼 곳이다. 이 여성들은 젊은 나이에 일본군 '위안부'로 버마로 끌려가, 인도에서 연합군의 포로라는 신분으로 해방을 맞았다. 하지만 여성들의 처지는 전혀 해방되지 못했다.

아마도 한국으로 돌아왔을, 이 20명의 여성들 중 그 누구도 자신이 입은 피해를 증언하지 못했다. 한국정부의 '위안부' 피해자로 등록한 생존자도 없었다. 연합군이 남긴 사진과 보고서에는 이들의 이야기가 생생하게 적혀 있지만, 정작 피해자들은 자신의 고향에서 아무 이야기도 남길 수 없었다.

# ‘트럭섬’ 사진이 말을 걸다

# 조선인 '위안부'들과 이복순

## '정신대할머니와 함께하는 시민모임'이 만난 이복순

대구에 살고 있던 이복순은 1993년 12월 한국정부에 일본군 '위안부' 피해 생존자로 등록을 하였다. 그 뒤 대구 지역을 중심으로 한 단체 '정신대할머니와 함께하는 시민모임(이하 시민모임)'과 왕래하면서 함께 소풍도 가고, 병원도 가고, 일상을 공유하며 지냈다.

이복순의 생애사를 다룬 구술집은 없다. 이복순이 한국정부에 신고했을 당시 자신의 피해 내용을 진술한 짧은 내용의 신고서는 있지만, 정부가 관리하는 개인정보에 사람들이 쉽게 접근할 수는 없었다. '시민모임'에서는 이복순과 일상을 나누며 '위안부' 피해에 관한 이야기를 들었고, 홈페이지에 다음과 같은 '할매 소개'를 올렸다.

이복순이 '인도네시아 자바'로 동원됐었다고 생각한 이유는, '섬이었고 더웠고 바나나와 고구마를 많이 먹었다'는 구술 때문이다. 이복순이 가끔 '도라쿠도'에 대한 이야기를 하기는 했지만, '도라쿠도'라는 지명을 찾아보기는 어려웠다.

이복순은 '시민모임'의 활동가 이인순(현재 희움 일본군 '위안부' 역사관 관장)과 툭탁거리며 잘 지냈다. 이른바 '케미'가 잘 맞았다고 한다. 함께하는 시간 동안 종종 자신의 이야기를 했고, 이인순 관장은 그때마다 메모로 기록했다.

이복순은 첫 번째 결혼했을 때도, 두 번째 결혼했을 때도 상대 사람에게 자신이 '위안부'였다는 사실을 알리며 결혼을 하든지 말든지 하라고 했다고 한다. 어릴 때 이복순을 새어머니로 맞은 딸은 항상 친어머니라고 생각을 했으며, 맏며느리는 당차고 엄했던 시어머니로 기억했다.

이복순은 남편이 폐암을 앓는 7년 동안 간호했다. 남편이 별세한 후에는 모든 유산을 자식들에게 물려주었다. 자신은 정부 지원금으로 살 수 있기 때문에 목돈은 필요 없다고 누누이 얘기했다 한다. 자신이 간암에 걸린 사실을 알고는 다른 사람을 간호로 고생시킬 수 없다며 수술을 받아 확실히 치료해야 한다고 고집했다고 한다. 2008년 4월 26일 수술 후 회복 중에 작고했다.

정신대할머니와 함께하는 시민모임 홈페이지에 실린 이복순의 사진과 소개.[1]

## '트럭섬' 승선자 명부와 사진으로 만난 이복순

우리 연구팀은 2017년 7월 미국 소재 국립문서기록관리청NARA에서 일본군 '위안부' 관계 자료를 수집하면서 중부 태평양의 축제도Chuuk Islands에 끌려갔던 강제동원 피해자들의 명부와 이들의 모습이 담긴 여러 장의 사진을 찾아냈다. 축제도는 제국주의 일본 시기에 '트럭섬'이라고 불린 지역이며, 지금도 많은 사람들이 '남양군도의 트럭섬'으로 기억하는 곳이다. 축제도의 여성 승선자 명부는 2000년 초반에 미국 거주 연구자 방선주에 의해 존재가 확인된 적은 있지만, 명부상 노동자Labourer라고 표기되었기 때문에 '위안부' 피해자들의 명부임을 확신할 수 없었던 자료였다.

우리 연구팀의 박정애는 2005년부터 2009년까지 '일제강점하 강제동원피해 진상규명위원회'에서 '위안부'팀 조사관을 담당하면서 정부에 등록된 '위안부' 피해자들의 신고서를 검토한 적이 있었다. 진상 조사에 활용하기 위해 그 피해 내용을 엑셀에 정리해놓은 것이 있었는데, 이를 다시 검토하니 피해자 이복순이 '도라쿠도'에 끌려갔다 왔다는 기록이 있었다. '도라쿠トラック도'는 '트럭섬'을 다시 일본어 식으로 부른 것이다.

다시 축제도의 승선자 명부를 검토하니 '히토가와 후쿠준Hitokawa Fukujun', '대구부Daikyu-fu'라고 표기된 여성이 눈에 들어왔다. '후쿠준'은 '복순福順'의 일본식 발음 표기이다. 대구의 이인순 관장에게 사진의 여성 얼굴을 하나하나 보여주면서 이복순이 있는지 물어봤고, 이인순 관장은 곧바로 한 명을 지목했다. 얼마 후 이복순의 큰아들도 '엄마의 얼굴이 틀림없다'고 확인해줬다고 했다.

| | | | |
|---|---|---|---|
| HIRAYAMA. SHU-ZEN | LABOURER | EAST BRANCHES OFFICE WOMAN | No. 884 SUISHŌCHŌ FUZANFU KEISHŌNANDŌ KOREA |
| HARIMOTO. DŌNAN | LABOURER | EAST BRANCHES OFFICE WOMAN | DAIKOKURI GYOKUSŌMEN KATOGUN KEISHŌNANDŌ KOREA |
| | | EAST BRANCHES | No. 285 GYU-TEISHI URUZANYU- URUZANFU |
| HITOKAWA. FUKUJUN | LABOURER | EAST BRANCHES OFFICE WOMAN | No. 871. NAIKŌDŌ DAIKYU-FU KEISHŌHOKUDŌ KOREA |
| KANEHARA. LAIJU | LABOURER | OFFICE WOMAN | KEISHŌNANDŌ KOREA |

히토가와 후쿠준/노동자/ / 871번지, 나이코도, 다이큐후, 케이쇼호쿠도, 코리아

仁川福順/ 한국 경상북도 대구부 내당동 871

축제도 승선자 명부 중 이복순 추정 인물의 인적사항[2]

명부와 사진 속의 인물이 이복순이라는 심증은 더욱 굳어졌지만, '히토가와 후쿠준'이 이복순의 [아마도] 창씨개명이며, '대구부 내당동 871번지'가 1946년 당시 이복순의 집 주소였음을 확인해야 했다. 또 명부와 사진에 대해서도 더욱 분석하고 설명할 필요가 있었다. '위안부' 피해자가 포함된 명부와 사진들은 이후에도 '위안부' 피해 실태의 한 조각을 맞추는 데에 기여하기를 바란다.

미국 국립문서관리기록청에서 찾은 축제도에서 찍은 여성 사진[3]과 이인순 관장에게 제공받은 이복순의 생전 사진.

## '트럭섬'과 조선인 '위안부' 피해자

중서 태평양에 위치한 축제도chuuk Islands는 현재 얍Yap과 코스라에Kosrae, 폰페이Ponpei와 함께 미크로네시아 연방을 구성하는 4개 주 가운데 하나이다. 16세기부터 미크로네시아 연방의 섬들은 팔라우와 함께 캐롤라인제도Caroline Islands를 이루었다.

캐롤라인제도는 사이판, 티니안 등 북마리아나제도와 얄루이트 등 마셜제도와 함께 제1차 세계대전 이후 일본의 '위임통치' 지역이 되어 실질적인 지배를 받아왔다. 이 때문에 식민지 시기를 기억하는 많은 한국 사람들이 축제도를 '남양군도의 트럭섬'

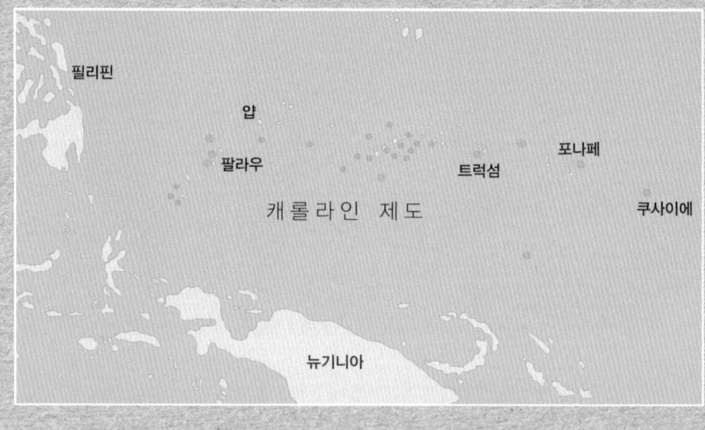


∧
캐롤라인제도의 섬들. 축제도는 트럭Truk, 폰페이는 포나페Ponape, 쿠스라에는 쿠사이에Kusaie로 불리기도 한다.[4]

이라고 기억하고 있다. 일본인들이 축섬을 '트루크제도トラック諸島'라고 불렀는데 일본식 발음인 '도라크'를 접했던 한국에서 일반적으로 '트럭'이라는 호칭으로 불러왔기 때문이다.[5] 따라서 이 글에서도 한국인들에게 익숙한 '트럭섬'이라고 표기한다.

승선자 명부가 작성된 두블론Dublon섬은 일본의 '위임통치' 시기 '여름섬夏島'이라고 불렸으며 행정의 중심지였다. 일본은 1930년대 후반부터 두블론섬에 군사기지를 건설하고 태평양 방위의 중심지로 삼았다. 두블론섬에는 제4함대 사령부를 두고 1940년 11월 연합함대에 편입시켰다. 제2차 세계대전 시기 연합함대의 근거지였던 '트럭섬'은 1944년 2월 미군의 대대적인 공습을 받고 함선과 항공대가 궤멸되면서 더이상 전진기지로서의 기능을 수행하지 못했다. 1945년 8월 일본이 전쟁에 질 때까지 '트럭섬'은 일본군의 점령하에 있기는 했으나 인근 해역의 제해권은 완전히 미군에게 빼앗겨버렸다.

'트럭섬'에는 태평양 지역 자원개발을 목적으로 일본이 1936년에 설립한 국책회사 '남양南洋척식(주) 트럭トラック사업소'가 설치되었으며 1940년대 이후 여러 군사시설이 설치되기 시작했다. 이에 따라 일본 해군과 군속이 급증하였으며, 농장 경영과 군사기지 건설을 위해 강제동원된 노동자도 많았다.[6] '트럭섬'에 동원된 일본인 '위안부'의 이름과 이야기는 드러난 적이 있으며, 이들과 일본군 출신자의 증언에서 조선 출신 '위안부'의 존재가 드러

난 적은 있었으나,[7] 신원이 확인되지는 못했다. 승선자 명부의 여성들과 이복순이 '트럭섬'에 끌려갔던 조선인 '위안부' 피해자로 처음 확인된 셈이다.

^
일본군이 패전하고 미군이 점령한 뒤인 1945년 10월의 '트럭 두블론섬' 모습.[8]

미군이 작성한 1946년 1월의 전투일지에 따르면, 이 달 '트럭 두블론섬'에서 일본인과 한국인, 오키나와, 대만인의 귀환이 있었다. 귀환자 총 1만 4,298명 중 3,483명이 한국인이었으며, 그 중 군인이 190명, 해군에 고용된 노동자가 3,049명, 민간인이 244명이었다.[9]

| NATIONALITY | ARMY | NAVY | NAVY LABORER | CIVILIAN | TOTAL |
|---|---|---|---|---|---|
| JAPANESE | 5,618 | 2,640 | 2,226 | 311 | 10,795 |
| KOREAN | 190 | 0 | 3,049 | 244 | 3,483 |
| OKINAWAN | 1 | 0 | 0 | 10 | 11 |
| FORMOSAN | 0 | 9 | 0 | 0 | 9 |
| TOTAL | 5,809 | 2,649 | 5,275 | 565 | 14,298 |

(c) At the end of the period covered by this report there were 4,301 Japanese and Japanese controlled forces remaining at TRUK.

(d) 759 NAURUANS, 1 Swiss Missionary and 7 Chinese were evacuated to NAURU by the British ship TRIENZA, 27 January, 1946.

6. Evacuation. -

(a) Evacuation of Japanese and Japanese controlled forces during the period was accomplished as illustrated by the following schedule:

| VESSEL | DATE | NO. EVACUATED |
|---|---|---|
| LST 1052 | 3 Jan | 799 |
| LST 873 | 5 Jan | 799 |
| LST 502 | 5 Jan | 799 |
| LST 1062 | 5 Jan | 800 |
| LST 810 | 5 Jan | 799 |
| LST 579 | 7 Jan | 799 |
| LST 591 | 7 Jan | 800 |
| LST 915 | 7 Jan | 799 |
| LST 870 | 7 Jan | 800 |
| LST 633 | 10 Jan | 800 |
| LST 1016 | 10 Jan | 800 |
| [illegible] | 12 Jan | 300 |
| Escort IKINO | 17 Jan | 368 |
| [illegible] | [illegible] | [illegible] |
| LST 696 | 18 Jan | 800 |
| LST 213 | 18 Jan | 800 |
| | Total | 14,298 |

(b) Following is a breakdown of evacuations during the period showing both nationality and category of evacuees:

^
귀환선의 이름과 조선 귀환자들의 숫자가 기록된 보고서.



213

### '이키노호'의 여성들

1946년 1월 17일 '두블론섬'을 출발한 호위함 '이키노Escort IKINO'호에는 한국인 249명을 포함해 총 368명이 승선했다. 이키노호 승선자 명부는 모두 50쪽, 5종으로 구성되어 있는데, 다섯 번째 구성 명부가 여성 26명과 아이 1명으로 구성되어 있는 명부이다. 이 명부에는 27명의 이름, 직업, 조직, 주소가 나타나 있었다. 이름은 대부분 창씨명이었고, 직업은 여성의 경우는 모두 노동자Labourer, 아이의 경우는 무직Unemployed으로 적혀 있다.

ROSTER of JAPANESE, KOREAN, AND OKINAWAN PERSONNEL EVACUATED FROM TRUK. ABOARD JAPANESE IKINO.

| | |
|---|---|
| ARMY | 86 |
| NAVY | 5 |
| GUNZOKU | 7 |
| JAP CIVILIAN | 11 |
| OKINAWAN " | 10 |
| KOREAN " | 249 |
| TOTAL | 368 |

ROSTER OF JAPANESE PERSONNEL
EVACUATED FROM DUBLION
ABOARDED THE JAPANESE ESCORT IKINO

CIVILIAN PERSONNEL

| NAME | OCCUPATION | ORGANIZATION | PERMANENT RESIDENCE |
|---|---|---|---|
| ARAI. FUKUNIN | LABOURER | EAST BRANCHES OFFICE WOMAN | [redacted] FUHEIRI. KWAZANMEN. KOKOGUN. ZENRANANDŌ. KOREA |
| ARAI. JUNKO | UNEMPLOYED | EAST BRANCHES OFFICE Child ~~WOMAN~~ | [redacted] FUHEIRI KWANZANMEN KOKOGUN. ZENRANANDŌ. KOREA |
| ARAI. UTEN | LABOURER | EAST BRANCHES OFFICE WOMAN | [redacted] KYU-KORI HIDOMEN SHISENGUN KEISHŌNANDŌ. KOREA |
| CHO-. KO-JO | LABOURER | EAST BRANCHES OFFICE WOMAN | [redacted] RICHURI SEIRIMEN SHOSHU-GUN. KEISHŌHOKUDŌ. KOREA |
| GONDŌ. JUNKI | LABOURER | EAST BRANCHES OFFICE WOMAN | [redacted] NANZANCHO- DAIKYU-FU KEISHŌHOKUDŌ. KOREA |

호위함 '이키노호' 승선자 명부 중 조선인 여성 명부.[10]

미군의 전투일지에는 1946년 1월의 귀환에 관계된 사진도 삽입되어 있었다. 그 가운데 1월 17일에 '이키노호'를 타고 두블론 섬을 떠난 조선인Korean 여성들의 사진을 발견할 수 있다. 사진 속에는 돌 전후의 아이를 업은 여성 사진도 포함되어 있었다. 간호사 제복처럼 보이는 하얀 원피스를 입고 있는 여성들이 눈에 띈다. 이복순으로 추정되는 한 여성은 꼼꼼하게 트렁크를 챙기고 있었다.

Processing of KOREAN women preparatory to evacuation. 26 KOREAN women and one Female child on TRUK were evacuated to KOREA, 17 Jan46.

명부에는 '노동자'라고 기재되어 있지만, 미군의 작전일지에는 이 여성들이 '위안부'였다는 사실이 나타나 있다. '위안부'들의 귀환 이후 '트럭섬'의 상황에 대해 언급하면서 '의료활동Medical Activities'이라는 항목 속에 다음과 같이 기록하고 있었다.

> 5. 의료활동. 이번 달에 오키나와인, 조선인, 대만인을 포함한 일본 국적 민간인들에 대한 대규모 소개疏開가 이루어졌다. 대부분 위안부였던practicing prostitution 조선인 여성에 대한 소개는 미군 병사들 사이에서 성병의 가능성을 낮췄다.

CONFIDENTIAL

(c) Wire: The Island Switchboard showed a daily average of 1900 calls. On 31 January, Island Switchboard absorbed Naval Air Base Exchange.

4. Postal Service: The following quantities of mail were processed during the month by the Navy Post Office:

| Incoming | Outgoing |
|---|---|
| 931 sacks of parcel post | 717 sacks of parcel post |
| 10,033 pounds of air mail | 7,147 pounds of air mail |

In addition, 1,134 pieces of registered mail were received and 1,144 pieces of registered mail were delivered and dispatched.

5. Medical Activities: Evacuation of large numbers of civilian Japanese Nationals, including Okinawans, Koreans, Formosans, has occurred during the month. The evacuation of Korean women, a large number of whom were practicing prostitution, has lessened the probability of venereal disease developing among U. S. military personnel.

Japanese military personnel numbering 2200 are located in well policed and sanitary tent camps on Malakal, Arakabesan, and Koror. A Japanese Army field hospital is established on Koror and is very orderly and well laid out, though meagerly supplied. Needed medical supplies have been furnished this hospital. Few Japanese were on the sick-list at the time of its inspection (seven to be exact). No danger to military personnel exists by reason of the proximity of Japanese camps to our own (two companies of 1st Battalion, 26th Marines).

During inspection trips on Koror, Arakabesan, and Malakal, there was noted a vast improvement in general appearance, and in sanitation, due to the work of the Japanese labor parties.

U.S.N. Base Hospital No. 20 continues as a 100 bed institution with relatively few patients (average 35) and functions as a medical storehouse for all activities. The hospital will shortly be disestablished and replaced by a fifty (50) bed consolidated dispensary to be located at Naval Air Base, Peleliu.

The Malarial Control Unit continues to function and in addition to previously outlined spray programs, has been supplying D.D.T. to planes spraying Yap and Potangeras in Ulithi. Supplies of D.D.T. on hand will last until 15 February. Difficulty in obtaining new supply has been encountered.

The Military Government Hospital (G-6 component #49) now being built on Koror is not yet open but progress in construction has been good. All needed medical supplies and equipment for this hospital are in the process of being delivered to it by Base Hospital No. 20.

^
펠렐리우섬 사령부 전투일지

또한 우리 연구팀이 발견한 1946년 3월 2일자 《뉴욕타임즈*The New York Times*》 기사를 통해서도 '위안부'였던 조선인 여성들에 관한 내용을 볼 수 있다. 〈트럭의 일본인들은 포로가 아니다 Japanese On Truk Are Not Prisoners〉라는 제목 아래 다음의 내용이 포함되어 있다. "트럭섬 사령관인 해병 준장 로버트 블레이크 Robert Blake of Berkeley에 의해 조선인들과 27명의 조선인 '위안부comfort girls' 들이 보내졌다. 블레이크 장군에 따르면 이 여성들은 남아서 미국인을 위해 일하기를 원했다. 그들은 다른 조선인들이 일본군에게 협조했다는 이유로 자신들을 바다에 빠뜨릴 것이라고 두려워했는데, 하지만 블레이크 장군은 그러한 일을 듣지 못했다."[11]

'트럭섬'에서 '위안부' 생활을 강요받다 일본이 패전하고 미군의 인솔하에 귀환선에 올라야 했던 여성들의 마음속에는 두려움이 가득했다. 이들 여성들은 조선인들이 일본군이 관리했던 '위안부'들을 적대시하고 바다에 빠뜨려버릴 것이라고 생각했다. 일본의 패전으로 조선은 '해방'되었지만, 조선인 '위안부'들에게 '해방'은 오지 않았다.

'트럭섬'에 끌려간 조선 출신 '위안부'에 관해서는 그동안 일본군 출신 남성이나 일본인 '위안부' 피해 여성의 회고를 통해서 흔적을 확인할 수 있었다.

>

'트럭섬' 조선인들의 귀환을 보도한 《뉴욕타임즈*The New York Times*》의 1946년 3월 2일 기사.

**JAPANESE ON TRUK ARE NOT PRISONERS: ENEMY FORCE HAS FREEDOM UNDER ...**
By ROBERT TRUMBULL By Wireless to THE NEW YORK TIMES.
*New York Times (1923-Current file);* Mar 2, 1946; ProQuest Historical Newspapers: The New York Times
pg. 6

# JAPANESE ON TRUK ARE NOT PRISONERS

## Enemy Force Has Freedom Under Surrender Terms and Builds U. S. Fleet Base

**By ROBERT TRUMBULL**

By Wireless to THE NEW YORK TIMES.

TRUK, Feb. 24 (Delayed)—One of the amazing things about these strange islands is the status of 3,000 Japanese who are still here. They are transforming Truk into

fleet base under di-

fficers, who

Ameri-

pa-

dungarees with "PO

them and they run around

birds without guard.

island except some who had been in Truk ten years or more and had settled down there.

**Koreans Also Sent Home**

Koreans were sent home by the Truk commander, Marine Brig. Gen. Robert Blake of Berkeley, Calif., and with them went twenty-seven Korean comfort girls. The girls, said General Blake, wanted to stay and work for the Americans. They feared the Koreans would throw them overboard for having served Japanese but General Blake packed them off and has not heard whether any were thrown overboard.

The island command expects all work to be finished by about June 1. Then the last Japanese will be shipped off. Although the climate here is pleasant and food is plentiful, the Japanese long for their homeland, harsh as it is these days.

There was one who did not want to go. He was Lieut. Gen. S. Mugikura, square, squat commander of the army garrison. He was sent home with a major part of the Army garrison, although the tough little general begged with tears in his eyes that he be permitted to see things through with the last of his troops.

## 시로다 스즈코(가명)의 자서전 《마리아의 찬가》(1971)와 '트럭섬'의 '위안부'들

1990년 8월 10일 한국방송공사KBS의 다큐멘터리 프로그램에 출연하여 전쟁의 비참함과 조선인 '위안부'에 관한 이야기를 전하는 시로다 스즈코.[12]

일본인 '위안부' 피해자 시로다 스즈코城田すず子(가명)는 사이판, '트럭섬', 팔라우 등지에서 피해를 입고 일본군 패전 뒤 일본으로 돌아왔다. 직접 보고 겪은 전쟁의 참상과 '위안부'들의 피해에 오랫동안 고통스러워했으며 1971년에는 자서전 《마리아의 찬가マリヤの讃歌》를 발간하고 '위안부'들의 이야기를 전했다. 다음은 그 자서전에 실린 '트럭섬' '위안부'들의 이야기이다. 시로다 스즈코는 1986년 자신이 살던 마을에 일본군 '위안부' 피해자들의 영혼을 위로하는 추모비를 세웠다.

사이판섬에서 배로 3일 정도 걸려 안쪽에 있는 트럭섬의 미하루정見晴亭에 정착했다. 사이판섬에 비하면 트럭의 여름섬夏島은 사이판섬의 3분의 1도 안 되는 작은 섬이었다. 남양흥발의 선착장에 상륙하자 길 양쪽에는 너무나도 남양적인 작은 집들이 점점이 늘어서 있어 세상 끝머리의 남양에 와 있구나 하는 느낌을 강하게 주었다. 미하루정의 주인은 오키나와현 사람으로 요정과 유곽을 운영하고 있었다. 백프로 도쿄 사람은 나 한 명으로 나머지는 규슈, 조선, 오키나와 사람이었다. 일하고 있는 사람들도 촌티를 벗은 사람은 찾아볼 수 없었다. 그러나 해군장교 위안소에는 요코하마横浜 부근에서 온 여자도 있었다. 트럭섬의 병원에 주 1회 검사를 하러 간 날에는 그 사람들이 내가 있는 곳으로 찾아와 일부러 "당신 도쿄에서 왔다"며 말을 걸기도 했고, 나도 그 사람들이 있는 위안소로 찾아가기도 해서 서로 도쿄나 요코하마에 관한 이야기를 하기도 했다.[13]

—《마리아의 찬가》

우리 연구팀은 대구의 이복순이 명부상의 히토가와 후쿠준이며 미군 작전일지 사진 속의 여성일 것이라고 추정했다. 1993년 이복순이 한국정부에 '위안부' 피해 신고를 했을 때 남긴 피해 내용은 다음과 같았다.

> 1926년 10월 6일 태어났다. 1943년 3월 오후 4시에서 5시 사이, 열여덟 살 때에 **대구** 달성공원 앞 여인숙에서 하야시라고 하는 남자가 좋은 직장을 소개해준다는 말을 듣고 **'도라쿠도'**에 끌려갔다. 매일 군복 세탁을 했다. 도착한 지 10일 후 '도라쿠도'에서 피난민이 승선한 50여 척이 미군의 폭격으로 몰살당하는 것을 목격했다. 1년 정도는 배급으로 생활했으나 그 후부터는 고구마 2~3개로 살았다. 헌병 몰래 바나나 속잎과 '담뽀뽀'라는 산에서 나는 나물을 생것으로 먹다가 들키면 숱한 매를 맞았다. 해방 후 배로 일본 **'우랑가와'**로 와서 다시 도쿄에서 기차를 타고 '하카타'에 도착했다. 이곳에서 일주일간 창고 같은 곳에서 지낸 후 연락선을 타고 부산항에 도착, 열차를 타고 대구로 돌아왔다.

2002년 9월 제주도 인권캠프에 참가한 이복순.[14]

일본군 '위안부' 피해자였음을 밝힌 뒤 이복순은 대구의 시민단체 '정신대할머니와 함께하는 시민모임'과 왕래하며 살았다. 다음은 일상 속에서 문득 이야기를 들었던 이인순 관장이 남긴 메모의 내용이다.

할머니는 대구 북부 정류장 부근인 지금의 원대동에서 태어났다. 공장에서 일류 기술자로 근무하였다고 한다. 아마 재봉 일을 했다는 것으로 기억한다. 어느 날 일류 기술자들만 뽑아서 더 좋은 조건의 공장으로 보낸다고 하면서 사람들을 모았고 그 길로 인도네시아 자바로 가셨다. 계속되는 폭력을 피해 중간 중간 먹을 것이 없어 고구마를 캤다고 한다. 밥은 구경도 못했고 거의 고구마로 연명했다고 한다. '위안부' 생활을 하면서 병원에서 간호사 일도 하셨다고 했다. 그래서 병원에서 검사를 하거나 주사를 맞는 일을 전혀 겁내지 않는다고도 하셨다. 전쟁이 끝나고 **연합군에 의해 귀국**했고 고향에 돌아와 다시 공장 일을 하셨다.[15]

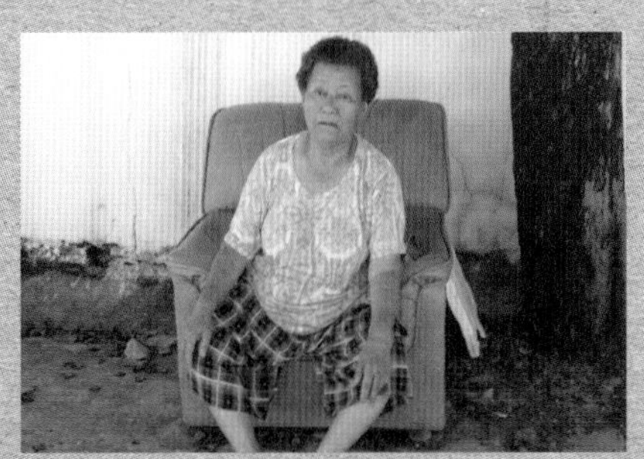

>
2006년 7월 자택 앞에서 망중한.[16]

이후 이복순의 창씨명과 1946년 1월 시점의 주소를 확인하기 위해 일제강점기에 작성된 제적등본을 찾아보기로 했다. 이복순 생전에 자신의 이름을 알려줘도 괜찮다고 생각했다는 이야기와 큰아들의 뜻도 마찬가지라는 이야기를 전해들을 수 있었다. 큰아들을 통해 제적등본 입수를 의뢰해봤으나, 어찌된 일인지 입수할 수 없다는 대답이 돌아왔다.

우리 연구팀은 서울시 담당자에게 도움을 요청했으며, 서울시 담당자는 경북 안동과 대구의 담당자에게 여러 차례 연락하는 수고를 아끼지 않으면서 자료를 찾아주었다. 이복순의 현재 호적 등록지인 경북 안동 길안면 면사무소에 제적등본을 의뢰하니 전 남편의 제적등본이 나왔다. 우리 연구팀은 이복순이 재혼한 사실을 몰랐던 터라 연구를 빌미로 개인의 사생활을 다루는 것이 아닐까 싶어 마음이 무거워졌다. 이인순 관장을 통해 이복순 생전에 애써 숨기거나 부끄러워하는 태도가 없었다는 얘기를 듣고 힘을 낼 수 있었으며, 전 남편의 제적등본을 통해 부친의 생년월일과 본적지를 확인하고 다시 제적등본을 추적했다. 그런데 몇 달이 지나도록 부친이 호주로 있는 제적등본은 나오지 않았다. 전산상의 검색에 한계를 느낀 길안면 면사무소의 계장이 오래된 자료의 한자를 하나하나 확인해주는 과정을 거쳤다. 그 끝에 식민지 시기에 작성된 이복순의 제적등본을 찾을 수 있었다. 부친의 이름은 창씨개명 이전에도 한 차례 개명이 있었는데, 개명 전 이름으로 전산상에 등록되어 있어 찾을 수가 없었던 것이었다. 피해자의 고통에 대한 공감과 일본군 '위안부' 피해 실태의 한 조각을 찾아내는 일의 중요함과 가치를 이해하였기 때문에 많은 분들이 성심성의로 도와줬다고 생각한다. 수많은 사람들의 이야기가 일구어낸 역사 가운데서 사람이 받은 상처는 결국 사람들의 진심으로 치유될 수 있겠다는 생각이 들었다.

추적에 들어간 지 3개월 만에 찾아낸 이복순의 제적등본에는 그 창씨명이 히토가와仁川, 이복순의 이름은 히토가와 후쿠준仁川福順, 1943년 8월 당시의 주소지는 '대구부 내당동 871번지'로 기록되어 있었다. 1946년 1월에 이복순이 미군에게 불러준 이름, 주소지와 완벽하게 일치한 셈이다. 주소는 부친이 1943년 8월 9일에 당시 12세였던 이복순의 남동생의 사망신고를 했기 때문에 확인할 수 있었는데, 이때라면 이복순이 '트럭섬'으로 끌려간 지 5개월 즈음이 되는 시점이다.

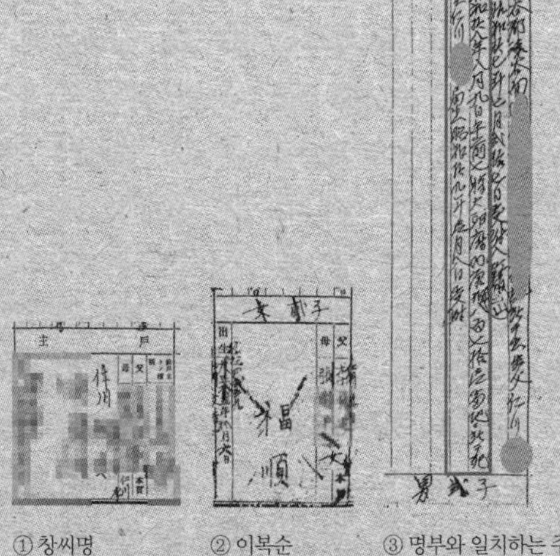

이복순의 제적등본.

① 창씨명 ② 이복순 ③ 명부와 일치하는 주소

이복순의 이야기를 통해 확인할 수 있는 '트럭섬' 조선인 '위안부' 피해의 이야기는 다음과 같다. 이복순은 1943년 대구 소재 어느 공장에서 재봉 일을 하다가 '하야시'라는 이름의 어떤 남자로부터 더 좋은 일자리가 있다는 얘기를 듣고 그를 따라갔다. '일류 기술자'들을 뽑았다고 하니 더 좋은 조건에 대한 기대치가 당연히 높았을 것이다. 그러나 도착한 곳은 '남양군도'라고 불린 '트럭섬'이었고, 이복순은 '위안부' 생활을 강요당하면서 처음 1년간은 배급을 받고 매일 군복도 빨았다. 1년 뒤인 1944년 중반부터는 먹을 것이 없어 하루 2, 3개의 고구마를 캐 먹으면서 버텨야 했다. 헌병에게 매를 맞았다는 이야기로 보아 헌병의 감시와 통제 속에서 생활한 것으로 보이며, 해방 즈음에는 병원에서 간호사 일을 하기도 하였다. 해방 후 연합군이 배를 태워줘서 귀국했고 일본 '우랑가와'라는 곳에 도착해 도쿄에서 기차를 타고 후쿠오카의 '하카타'에 도착하여 이곳에서 연락선을 타고 부산항에 도착, 열차를 타고 대구 집으로 돌아왔다.

미군의 전투일지를 통해 봤듯이 이복순이 탄 배는 1946년 1월 17일 '트럭의 두블론섬'을 출항한 이키노IKINO호였다. 이 배에는 조선 출신 '위안부' 피해자 26명과 그녀들이 낳았을 것으로 추측되는 아이 1명이 타고 있었고, 여성들은 어디에 가도 환영받지 못하는 처지를 두려워했다. 일본의 웹사이트를 검색해보면 함선 '이키노生野'는 민간기업인 우라가센교浦賀船渠에서 1945년 7월 17일에 진수한 배로 전쟁이 끝난 후 복원復員수송선으로 사용되었다. 따라서 이키노호는 우라가浦賀항으로 들어온 귀환선으로 보인다. 그러니까 이복순이 말한 '우랑가와'는 일본 가나가와현神奈川県 요코스카시横須賀市의 우라가浦賀항을 의미한다. 이후 이복순은 가까운 도쿄로 갔다가 규슈 지역의 후쿠오카현福岡県 하카타항에서 부산행 배를 탔다. 이복순의 이동경로를 그려보면 다음과 같다.

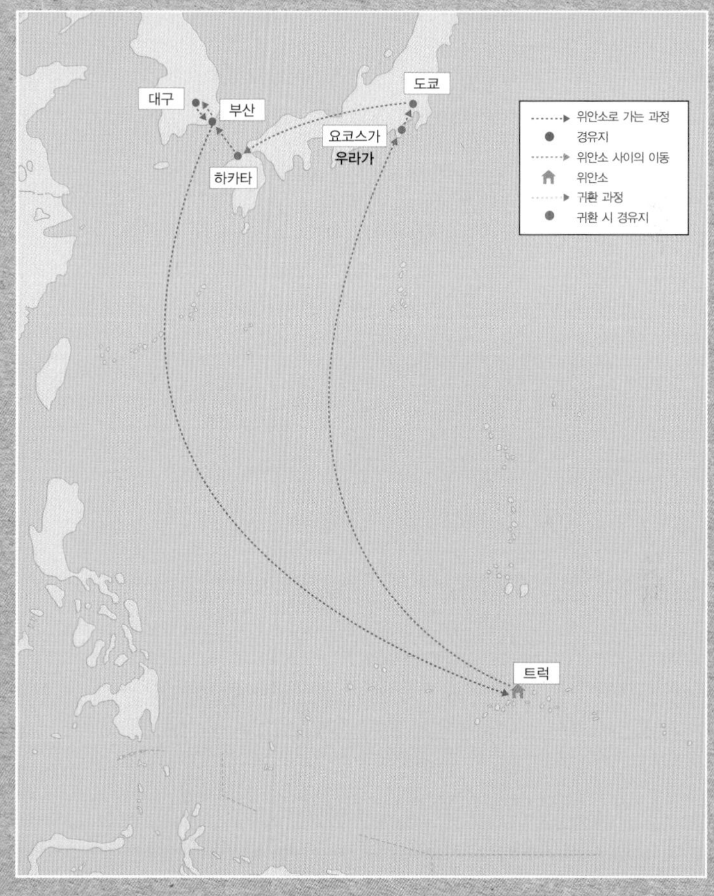


이복순의 이동경로

## '트럭섬'에 끌려갔던 조선인들의 귀환에 관한 신문기사

1946년 2월 14일에 보도된 《조선일보》 기사이다. '남양군도 트럭섬'에 끌려갔던 조선인들이 겪은 굶주림과 전쟁 피해 상황에 대해 묘사하고 1월 15일 '트럭섬'을 떠나 2월 2일 일본 쿠레吳항에 도착한 귀환선에 탑승했던 조선인 3,254명에 대한 소식을 전하고 있다. 미군의 작전일지에 따르면 1946년 1월 15일에 출발한 귀환선은 없다. 조선인 귀환자 전체 수는 3,483명이라고 했는데, 3,000명 이상의 조선인이 한 배를 타고 왔을 가능성도 희박

五千同胞는 餓死

南洋트락크島에 悲劇

하다. 다만 1월 18일에 '트럭섬'을 출발한 호위함 야히코마루弥彦丸의 전체 승선 인원이 3,236명이었으니 이 배를 말하는 것일 수는 있다. 조선인, 일본인, 대만인의 전체 승선자 수를 조선인만의 수로 잘못 보도했을 가능성도 있다. 이 배에는 군인군속 동원자가 타고 있었다. 전쟁이 끝난 뒤 한국으로 돌아오는 귀환자들에 관한 언론보도는 많았지만, 강제동원 여성 피해자에 관한 소식은 거의 찾아볼 수 없다.

이복순은 1943년 18세에 '트럭섬'에 끌려가서 1946년 21세에 고향 대구로 돌아왔다. 1946년 1월 17일 '트럭의 여름섬(두블론)'에서 집으로 돌아갈 짐을 챙기면서 무슨 생각을 했을까. 다른 여성들처럼 집에 돌아가지고 못하고 도중에 험한 일을 당할까 걱정을 했을까. 집에 돌아온 뒤에 이복순은 자신이 자랑하는 재봉 기술로 공장에 다니면서 생계를 꾸렸다. 청혼을 받았을 때마다 상대 남자에게 '위안부'였음을 밝히고 "결혼하든 말든 마음대로 하라"고 하면서 결혼을 했으며, 새로 품게 된 자식들을 위해 최선을 다했다. 간암 진단을 받았을 때에도 자신의 간호로 힘들어할 주변 사람들을 생각해 수술 받아 완치하겠다고 고집을 부렸을 정도로 다른 사람의 신세를 지는 것을 싫어했다. 그리고 자신의 생계를 감당해줬을 재봉 기술을 늘 자랑했고, 병원의 간호사가 자신보다 주사를 못 놓는다고 흉을 볼 만큼 전쟁 중에 얻게 된 간호 기술에 대해서도 자부심이 높았다. 늘 당당했고 독립심이 강한 이복순은 생전에 '위안부' 피해자임을 조금도 숨기지 않았지만 '위안부' 피해 사실을 묘사하는 일만큼은 말을 아꼈다. 전쟁을 일으키고 군인들을 '위안'하여 전쟁을 효율적으로 수행하겠다는 명분으로 위안소를 설치하고 여성들을 동원하여 '위안부' 생활을 강요한 일본은 이 여성에게 도대체 무슨 짓을 한 것일까.

생전의 이복순과 장례식의 영정사진, 유골함.[17]

# 일본정부·기업의 전시 노동 동원과 '성적 위안' 대책

# 기업'위안부'

## 조선인 여성들의 침묵을 품은 홋카이도의 바다 절벽, '다치마쓰 미사키立待岬'

일본이 전쟁을 일으켰던 아시아·태평양 지역의 '위안부' 피해 실태를 알리기 위해 1990년 1월 4일부터 《한겨레》에 연재를 시작한 윤정옥 교수는 그 첫 번째로 일본 홋카이도北海道의 조선인 여성들 이야기를 전하였다. 일본이 조선을 식민지로 삼았던 1910년대부터 갖은 속임수를 통해 끌려와 성매매를 강요받았던 여성들의 이야기였다. 이들의 흔적은 당시에 발간됐던 신문 또는 마을의 이야기를 담은 지역사 책 속에서 더듬을 수 있었다. 무엇보다도 이 여성들을 직접 또는 전해 들었던 지역의 사람들이 이들을 기억하고 있었다. 다음은 윤정옥 교수가 전하는 이야기의 일부 내용이다.

> 그들이 죽음의 길로 택한 곳이 '자살의 명소'가 되어버린 '다치마쓰 미사키'라는 절벽이다. …… 이 마을 사람들에게는 이 절벽에 부서지는 파도 소리가 "어머니-, 어머니-" 하고 울부짖는 소리로 들린다고 전해진다. 이곳에서 죽은 한국 여성에 관한 기사는 헤아릴 수없이 많았다. …… 1935년 6월 20일자에는 "오전 2시께 머리를 풀어헤치고 반쯤 옷을 벗은 여인이 거리를 헤매고 있는 것을 순사가 발견"이라는 기사도 보인다.

〈필자의 말〉

# 집단투신한 절벽은 '자살의 명소'로

——이화여대 윤정옥교수 '정신대' 원혼 서린 발자취 취재기

1 홋카이도

## 삿포로 개척땐 조선요리집 1백여곳 홍청

### 한국여성 1910년대 이미 도일 매춘 강요당해

죄악상 감추려 자료 없애

'어머니' 울부짖는 파도소리

한국여성 자살보도 금지령

"경찰, 조선녀 박멸 기도"

∧

'위안부' 피해 실태를 알리기 위해 신문에 연재를 시작한 윤정옥 교수는 홋카이도에 끌려가 성 피해를 입은 조선인 여성에 대한 이야기부터 쓰기 시작했다. 《한겨레 신문》 1990년 1월 4일 자 기사.

1941년 일본은 태평양전쟁을 일으킨 뒤 한국의 젊은이들을 더 많이 끌고 갔다. 이 중에 많은 여성들이 자살했고 신문은 계속해서 이 사실을 보도했다. 드디어 1943년 일본 당국은 한국 여성의 자살을 기사화하지 말라는 금지령을 내렸다. 이보다 앞서 1940년쯤부터는 무단가출을 한 여성들을 찾는 기사가 구인광고란을 채우기 시작했다. 포주들은 머리 모양, 입고 있는 옷을 묘사하며 도망친 여성들을 찾았다.

1940년 1월 7일자 《오타루신문》에는 다음과 같은 내용이 보인다. 유우바리 탄광에는 704명의 조선인 광부가 있다. "멀리 타향에서 국책산업에 종시하는 이들 전사를 위안하기 위하여 이들이 오기 전부터 일을 추진했으나 금번 협화료 근처에 3동을 개설하고 조선 향토요리점을 경영키로 했다"는 것이다.

>
1910년대부터 일본 홋카이도에 끌려와 성매매를 강요받았던 조선인 여성들이 자살을 하기 위해 찾았다는 하코다테函館에 소재한 다치마쓰 미사키立待岬 절벽.[1] 마을 사람들은 이 절벽에 부딪치는 파도 소리가 "어머니-, 어머니-" 하면서 울부짖는 소리로 들린다고 전했다.

《시대일보》는 1925년 8월 24일 자 기사에서 국외 여성 인신매매의 실상을 다음과 같이 기록하였다.

> 외국으로 나아가는 여자는 과연 얼마나 되는가? 매년 5천 명 이상이나 되며 외국 중에도 그중 많이 가는 곳은 중국, 일본, 대만, 화태樺太 등지라 한다. 아무리 팔리는 사람이라도 누가 외국을 가기 좋아하랴. 알기만 하면 "죽으면 죽었지 못 간다"고 뻗댈 것이다. 원수가 꼬여 데리고 온 사람들이 외국에 팔던 돈을 곱절이나 더 받는 바람에 욕심이 치밀 뿐더러 조선 어디다 두었다가 만약 모든 죄악이 사출이 나고 보면 두수 없이 콩밥 신세를 지게 되기 때문에 돈 더 받고 뒷염려까지 없애느라고 될 수 있는 대로 외국에 보내려 하는 까닭에 그처럼 많이 가게 된다고 한다. 그러면 외국으로 가는 여자의 몸값이 조선서 팔리는 것 보담 얼마나 차이가 있나? 보통 갑절을 더 받게 되지만 파는 자의 배 채우고 뚜쟁이의 살만 찌울 뿐이지 실상 고생의 길로 가는 당자에게는 옷 한 벌 변변히 얻어 입지 못한다.

外國方面輸出은 全部純實女

"인육시장 3 외국방면 수출은 전부 순실녀純實女"라는 제목의 《시대일보》 1925년 8월 24일자 기사.

《동아일보》는 다섯 차례 이어진 연속 기사를 통해 오사카와 조선 황해도 사리원에서 각각 요리점을 하고 있던 일본인 오쿠야마奧山 형제가 속임수를 통해 조선인 여성을 인신매매 하고 학대하고 성매매를 강요했던 정황을 보여주고 있다. 오사카의 요리점 주인 동생은 여성들에게 성매매를 강요하다 경찰에 발각되자 사리원에 있는 형의 요리점에 이들을 몰래 보내려고 사리원으로 왔다가 다시 발각되었다. 오쿠야마 형제는 다시 이 여성들을 매매하고자 끌고 가려는데 여성들이 저항하자 이들을 감금하고 쇠뭉치로 때렸으며 심지어는 자는 사이 들고 나오려고 했다. 이 사건에 대해 사리원 경찰서는 오사카 경찰서에 조회를 하여 사실을 조사하기 전에는 이들을 처결할 수 없다며 방치했다. 사리원요리조합은 이 여성들을 '구매'하여 이 문제를 해결하려 하였는데 여성들 중 평양에 사는 김명주만은 애초부터 속았기 때문에 응할 수 없다 하여 재판을 준비하고 있다는 내용이다.

日本人料理業者의毒手에걸닌
七人의朝鮮人妙齡女子

=처음에는술파리달라는계약으로몸풀려고 처음계약을무시하고강제로매음식히다가또다른데로=

沙里院驛頭에나타난그들의將來

^
"일본인 요리업자의 독수毒手에 걸린 7인의 조선인 묘령 여자"라는 제목으로 일본 오사카 요리점에서 성매매를 강요당하는 조선인 여성들 사건에 대해 보도한《동아일보》1925년 8월 14일 자 기사.

## 전시체제 이후 일본의 조선인 강제노동 동원과 기업 '위안부'

일본이 중일전쟁을 본격화하고 전시 총동원체제를 구축한 1938년 이후 일본에 끌려가 불법적인 성매매를 강요받던 조선인 여성들에게도 변화가 생긴다. 일본의 공창제는 조선인, 대만인 여성들의 일본 내 성매매를 법적으로 금지하고 있었다. 그러나 전시 총동원체제 이후 전쟁을 뒷받침하기 위해 조선인 남성 노동자를 대규모로 동원할 계획을 세우면서 일본정부와 기업은 노무관리라는 차원에서 노동자들의 '성적 위안' 대책을 고려하기 시작했다.

> 노가타直方, 구라테鞍手 시군市郡 내 거주하는 조선인으로 조직한 노가타 교풍회는 25일 오후 1시 노가타 경찰서 광장에서 간부회의를 열고 조선인에 의한 노동력 충족문제 및 내선융화사업의 실시 등에 관해서 중요 협의를 했는데 노력문제에 대해서는 구라테 탄전의 노동력 보충대책으로서 조선인 노동자의 취조율의 향상을 도모하고 이를 위해 취로성적이 좋은 자에 대해서는 표창 ▲일시 조선으로 돌아갈 경우에 노동률을 조건으로 우선적으로 편의를 봐주고 ▲위안 방면에는 조선 요리의 영업 실시 등등 의해 적극적으로 이행하도록 장려할 것을 계획하고 이러한 시설은 각 갱 똑같이 실행해서 갑산甲山에서

을갱乙坑이라는 빈번한 이동을 방지할 방침이다.-〈조선인 취로자의 장려책 강구半島人稼動者の奬勵策講ず〉, 《오사카마이니치신문: 서부판 전규슈大阪每日新聞: 西部版全九州》 1939년 6월 26일 자.

그들은 일단 조숙하다. 게다가 연령으로 보아도 성 활동이 비약적으로 활발한 연령이다. 이 때문에 적당한 성문제를 해결할 복리시설의 필요가 있는 것이다. 일찍이 어느 광산에서는 반도 노무자의 성욕을 채워주기 위하여 성적인 특수시설을 두었다.-국민근로연구회国民勤労研究会, 《반도 기능공의 육성半島技能工の育成》, 1942년 3월 15일.

특별위안소-쉽게 말하면 성 해결소이다. 탄산炭山 부근에 특수음식점으로 존재하는 경우가 많다. 여기에 반도 여자가 있으면 딱 좋다. 국어를 충분히 사용할 줄 몰라도 반도 여자가 아니면 기분이 나지 않는다. 또는 탄산에서는 부근에 그 설비가 없어서 천릿길을 멀리 나갔다가 2~3일 일을 하지 않는 경우도 있다고 한다.-석탄통제회 규슈지부石炭統制會 九州支部, 《탄산 조선인의 노무관리炭山に於ける半島人の勤労管理》, 1945년 5월.

일본이 남성 노동자의 노무관리 대책을 세우면서 '성적 위안' 문제를 중요하게 다룬 것은 전쟁터의 군인 통제 경험에서 비롯된 것이었다. 1932년 상해사변을 일으켰을 때부터 일본군은 병사들의 군기를 다스리고 성병 예방을 위해서는 '위안부' 여성을 동원하고 관리할 필요가 있다고 믿었다. 이는 일본이 전쟁을 수행하는 중심 주체인 병사와 노동자를 통제하는 방식이었고 전시 총동원체제를 맞아 노동자 동원을 본격적으로 시작하면서 적극적으로 활용되었다.

'성적 위안 시설'을 통한 노무관리를 위해 일본은 조선인 여성의 성매매를 금지했던 공창제를 수정하는 대신 조선인 여성의 성매매를 관리하는 시스템을 강화했다. 우선 1938년 4월 '화류병예방법花柳病豫防法'을 전면 실시하여 접객接客 여성에 대한 성병 검진 및 치료를 강화했다. 그리고 조선 '요리옥'을 조선인 노동자들이 대거 동원될 탄광 방면에 집결시키고 '조선인 작부'를 이용한 '성적 위안' 행위를 묵인했다. 이처럼 효율적인 전쟁 수행을 위해 강제동원 노동자의 노무관리 차원에서 일본정부와 기업이 계획하고 개설하고 관리했던 성 관리 시스템을 기업위안소라고 한다. 전시체제 이전부터 일본의 조선 요리집에 긴박緊縛되어 '성적 위안' 행위를 강요당하고 학대와 사회적 차별에 노출되어 있었던 조선인 여성들은 전시 총동원체제 이후 기업'위안부'로 이용되었다.

> 삿포로진료소의 검진문제에 대해 네모토根本 서장은 다음과 같이 말하였다. 금일 중에는 여급, 게이샤, 작부, 조선 바의 여중女中 등 약 800명에 대하여 실시하는데, 성적 여하에 따라 늘어날지도, 또는 감소될지

도 모릅니다.…… 후생성이 주장하는 민족정혈의 대기를 걸고 준비 만반을 갖춘 담당서의 발표를 보면 즉시 개소하여 시립삿포로진료소는 드디어 이시이石井 도청 위생기사를 촉탁으로 오는 7일부터 개소하게 되었다.—〈공평하게 합니다, 일류 카페에서 조선 바까지公平にやりますゾ 一流カフェーから朝鮮バーまで〉, 《오타루신문小樽新聞》 1939년 2월 3일 조간 8면.

관광도시의 미관을 해치는 하나인 커다란 암적 존재인 반도 요리옥이 내년 봄부터 전부 모습을 감추게 되었다. 현재 도내 6개 시를 비롯해 각지에 산재해 있는 반도 요리옥은 130헌으로 그곳에서 일하고 있는 여급, 작부 등은 약 300명에 달하고 있다. 도시에 체면을 가진 관광 홋카이도로서는 조선 요리옥의 정화가 커다란 문제가 되었었는데 증탄 계획의 파고를 타고 해협 두 개를 넘어 조선에서 약 8,000명의 노력구원대가 연내에 도내의 탄산을 목표로 해서 오도록 되어 있다. 이 반도 노동자의 위안대책으로 홋카이도 석탄광산회에서는 향토색이 짙은 동향 여성군이 만든 요리 서비스를 한다는 것을 내걸고, 조선인 노동자가 들어오는 도내 18개 탄산에 대해 법도의 조선 요리옥 26곳을 인정해 달라고 해왔기 때문에 필요한 만큼만 이것을 인정해 도내에 산재해 있는 종래의 요리옥을 탄산 방면으로 돌리는 방침을 세워 금후 필요에 따라 도시의 반도 요리옥을 이동시켜서 점차 도회로부터 그 모습이 사라지게 되었다.—〈조선 요리옥에 도시에서 탄산으로 이동朝鮮料理屋へ 都市から炭山へ異動〉, 《오타루신문小樽新聞》 1939년 10월 14일.

**기업위안소, 산업위안소,**
**노무위안소, 사업장 위안소……**

전시 군수기업에 강제동원된 남성 노동자의 노무관리 차원에서 개설되었던 위안소를 가리키는 용어는 연구자들마다 다르다. 강제동원된 '노무자'들을 대상으로 했다는 점을 강조하여 '노무위안소'라고 부르기도 하고 탄광이나 광산에 한정되지 않고 비행장이나 토목건설 현장에도 개설되었다는 점을 고려하여 '산업위안소', '사업장위안소'라고 지칭하기도 한다. 우리 연구팀에서 채택한 '기업위안소'라는 용어는 전시체제 전반을 총괄했던 일본정부와 더불어 그 책임 주체를 드러낸 것이다. 개념과 그 역사적 성격을 드러내는 용어 규정에 대해서는 계속해서 논의할 필요가 있다.

^

시민이 만드는 일본·코리아 교류의 역사박물관인 고려박물관(일본 도쿄 소재)은 2017년 8월부터 12월까지 이 주제에 관한 전시를 개최하면서 산업위안소라는 용어를 사용했다. 사진은 전시 홍보 팸플릿이며, 여기에 활용된 사진은 《오사카 마이니치신문大阪每日新聞》 1923년 4월 27일자에 실린 고베神戶 지역 조선 요리옥의 조선인 작부들이다. 전통 머리 모양을 하고 한복을 입고 있는 모습이 눈에 띈다.

## 일본에 개설된 기업위안소와 조선인 '위안부' 여성들

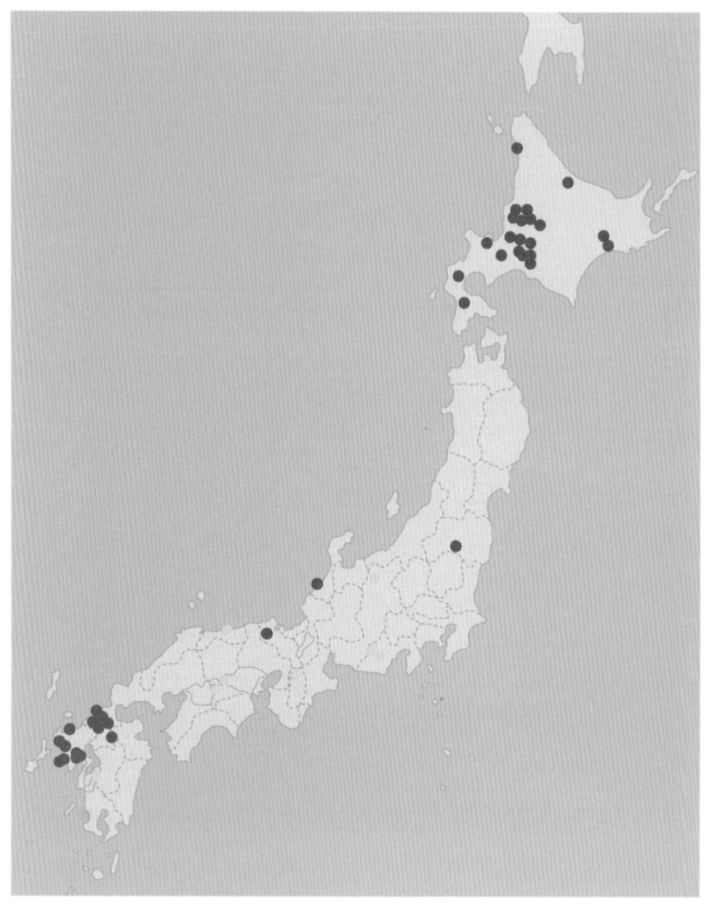

∧

일본에 개설된 기업위안소 지도. 붉은색은 탄광 및 광산 지역에 개설된 위안소이며 노란색은 공장 및 비행장 등에 개설된 위안소이다.[2]

홋카이도는 명치 초기 개척 이민의 장려책으로서 개척사 스스로 출자하고 개설했던 관영 성매매 집결지官營遊所가 존재했던 역사적 배경을 지닌 지역이었다. 또한 탄광·광산시설이 집중되어 있어 대규모로 조선인 노동자를 동원했던 지역이었기 때문에 다른 지역에 비해 도청과 경찰, 그리고 홋카이도 석탄기선주식회사와 미츠비시 등 기업이 적극적으로 나서 '성적 위안시설'로서 조선 요리옥 신설 및 허가에 개입했다. 1939년 10월 홋카이도 석탄광업회가 홋카이도 도청에 탄광 18개에 조선 요리옥 26개를 신설하고 허가해달라는 대규모 요청을 하는 모습을 볼 수 있다.

入道の半島勞務者たちに
同鄕女性の慰めを
各地に朝鮮料理屋新設

1939년 10월 13일 자《오타루신문》에는 "입도의 반도 노무자들에게 동향 여성의 위로를, 각지에 조선 요리옥 신설入道の半島勞務者たちに同鄕女性の慰めを各地に朝鮮料理屋新設"이라는 제목으로 '연내에 조선인 8천 명이 도내 각 광산을 목적으로 들어오므로 이들의 위문 방법이 갑자기 문제가 되어 홋카이도 석탄광업회에서 도청 보안과에 조선인이 사용하게 될 18개 탄광의 26개소 조선 요리옥 개설을 인정해주도록 요망했는데 곧 삿포로 광산감독국과 협의하에 인가를 얻게 될 모양이다'는 기사가 실렸다.

홋카이도 석탄광업회의 요청에 따라 1940년 2월 홋카이도 탄광기선주식회사 유바리夕張 광업소에 가장 먼저 기업위안소가 개설되었다. 유바리 광산에 동원된 조선인 노동자의 '쉼터'로서 조선 요리옥 3채가 기숙사 주변에 설치되었는데, 1940년 2월 1일 자로 영업이 허가되어 3월 19일에 문을 열었다고 한다.

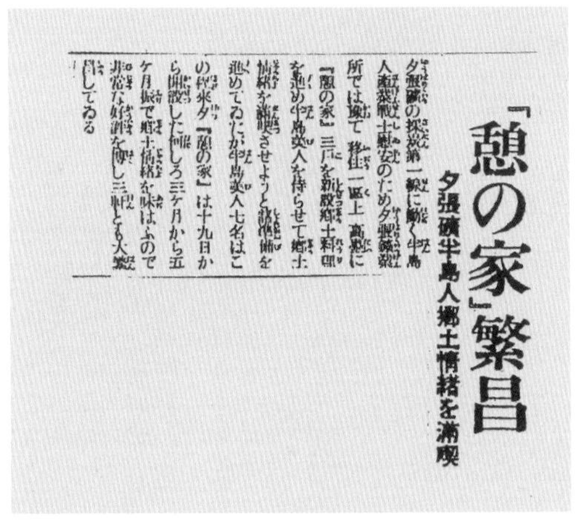

「憩の家」繁昌

夕張礦半島人郷土情緒を満喫

夕張礦の採炭第一線に働く半島人産業戦士慰安のため夕張礦業所では曩て社光一区上高松に『憩の家』三戸を新設郷土料理を通じ半島美人を侍らせて郷土情緒を満喫させようと設備を進めてゐたが半島美人七名はこの程来夕『憩の家』は十九日から開設した何しろ三ケ月から五ケ月振で郷土情緒を味はふので非常な好評を博し三軒とも大繁昌してゐる

"'쉼터' 번창, 유바리 광산 조선인 향토 정서를 만끽「憩の家」繁昌, 夕張礦半島人郷土情緒を満喫," 《홋카이도타임즈北海道タイムズ》 1940년 3월 24일. 기사에서는 3채 모두 매우 호평을 받고 있으며 크게 번창하고 있다고 선전했다.

# 半島勞務者第一陣
## 職場の夕張各礦に入山

良いかどうかそれ丈が一同の心配です と素朴な內地語で語つた

【寫眞は夕張驛に着いた一行】

### 元氣で室蘭上陸

【札幌】戰下の生産擴充に拍車をかける銃後産業戰士として半島から大縣約四百名の半島人が七日室蘭に上陸 夕張、歌志內等の炭山へ送られこれ等の半島人は今年の夏の旱に惱んだ人々で縣內の不況を入資源豐庶の內地炭礦産業に活躍して取返さうと張切り炭礦汽船……丸で渡航したもので『御奉公にぬー』と云ふ……の笑顏を……ながら上陸夫々の職場へ向つた

## 內鮮融和を圖る
### 全道一協和會を結成

夕張町各炭礦に働く半島勞働者は七日來夕した三百二名を第一陣として續々來夕年內に二千餘名入山する豫定であるがこれが取締監督の立場にある夕張署では內鮮融和を圖る目的で夕張協和會を創立すべく十日午後一時から同署樓上に於て結成協議會を開會直に結成準備に着手遲くも本月末迄に發會式擧行の豫定である 協和會は炭礦に働く半島人のか在町の全半島人及び內地側町役場、警察署、炭礦、三大夕張礦、市街地有志等が會となり各職場別に分會を設け半島人をして內地の習俗に同化しめ渾然一體の實をあげ以て一視同仁の……なる聖旨に副ひ

∧

유바리 탄광에 조선인 노동자들이 동원되어 오기 시작한 것은 1939년 10월부터였다. "반도 노무자 제1진, 직장의 유바리 각 광산에 입산半島勞務者第一陣, 職場の夕張各礦に入山," 《홋카이도타임즈》 1939년 10월 9일.

홋카이도 탄광기선주식회사 유바리夕張 광업소에 개설된 기업위안소 '쉼터'를 시작으로 홋카이도 내 각 탄광·광업소에는 '성적 위안시설'이 계속해서 문을 열었다. 다음은 1940년부터 1942년까지 각 시기 기업위안소 설치 상황이다.

홋카이도 지역 각 탄광·광업소의 기업위안소 설치 상황[3]

| 광업소명<br>( )안은 소재지 | 성적 위안시설의 설치 상황과 작부 수 | | 각 지역 요리점 설치 상황<br>(1942년 4월) |
|---|---|---|---|
| | 1940년 12월 말 | 1941년 12월 말 | |
| 스미토모住友광업(주)<br>우타시나이歌志内탄광 | 조선인 전용의 요정이 교외에 개설, 티켓제도 | | 우타시나이 시가지에는 조선인 업주 경영 요리점 없음 |
| 홋카이도탄광기선(주)<br>소라치空知탄광 | 조선인을 선정, 회사로부터 건물 기타 설비를 제공하고 조선요리점을 경영시킨 조선인 위안소. 작부 5명 | | |
| 홋카이도탄광기선(주)<br>호로나이幌内광업소 | | 조선 이자카야居酒屋 1채를 지정하여 조선인이 경영. 건물은 무상대여. 조선인 작부 4인 | 호로나이 시가지<br>상호 없음.<br>업주 한용근韓龍根 |
| 홋카이도탄광기선(주)<br>유바리夕張탄광 | 조선 요리옥 3채, 현재 장소 만족, 불평 없음.<br>작부 십수인 | 조선인 노무자 거주 지역(기숙사·사택)의 중심에 위안소를 설치. 건물을 무상대여, 노무과에서 물자를 배급·감독. 유흥비는 계약서에 의함. 술집銘酒屋 4호, 소바, 술의 음식점 각1호.<br>조선인 작부 16인 | 유바리정 시가지<br>상호 없음<br>업주 이일남李一南<br>손기련孫琦鍊<br>김원준金元俊 |
| 유베츠雄別탄광(주)<br>유베츠 탄광 | 조선인 요리옥, 인접부락에 있음. 이곳을 이용 | | 준로釧路 지방 아칸阿寒 마을<br>평양정, 업주 양연선梁連先<br>송월가松月家, 업주<br>이창업李昌業 |
| 태평양탄광(주)<br>하루토리春採탄광 | 탄광이 시내에 소재하므로 특히 고려하지 않음 | | 준로釧路 시내에 조선인 업주인 요리점 없음 |
| 일본광업(주)<br>오모리大盛광산 | 월 2회 공휴일에 외출 허가. 성 문제를 해결 | | |

| 광업소명<br>( )안은 소재지 | 성적 위안시설의 설치 상황과 작부 수 | | 각 지역 요리점 설치 상황<br>(1942년 4월) |
|---|---|---|---|
| | 1940년 12월 말 | 1941년 12월 말 | |
| 일본광업(주)<br>도요하豊羽 광산 | 현재 어떤 설비도 없음. 공휴일을 이용해서 부근의 시설을 이용 | | 도요히라豊平 마을에 일본인 업주의 요리점이 다수 있음 |
| 시즈카리静狩금산(주)<br>시즈카리 광산 | 시가지에 요리카페 등 있음. 조선 요리옥은 없음. 성 문제 해결 곤란, 가족 초청 장려 | | |
| 스미토모住友본사(주)<br>고노마이鴻之舞광산 | 일본인과 같음 | | |
| 스미토모住友본사(주)<br>분베츠奔別광업소 | | 시가지에 조선 술집銘酒屋 1채를 경영시킴. 그밖에 일본인 술집銘酒屋 여러 채. 이용자는 적음, 특설할 필요는 없음.<br>조선인 작부 2~3인 | 미카사三笠 산촌 시가에<br>조선인 요리옥 1곳 있음.<br>미카사 산촌 호로나이<br>시가지 소재<br>상호 없음.<br>업주 한용근韓龍根 |
| 미쓰비씨三菱광업(주)<br>비바이美唄광업소 | | 시가지에 조선명의 술집居酒屋 1채의 개업 허가(공식 지정은 아니라고 함)<br>조선인 작부 7인 | 비바이 가로我路 시가지<br>상호없음.<br>업주 황군례皇軍禮 |
| 쇼와昭和전공(주)<br>도요사토豊里광업소 | | 건물은 회사로부터 무상 대여 받고 지정 상인이 경영하는 '태양관'이 있음. 기숙사에서 가깝고 최근 세액이 오른 것에 비해 고가가 되어 이용자 적음. 폐점 예정<br>조선인 작부 6인→<br>최근 3, 4인으로 감소 | 태양관太陽館,<br>업주 박만순朴萬順 |

<
홋카이도 미츠이三井 아시베츠芦別 탄광 기숙사 근처에 개설됐던 기업위안소. 조선인 요리옥으로 사용되었던 건물이 현재에는 민가로 쓰이고 있다. 1939년에 시작된 미츠이 아시베츠 탄광은 1941년부터 조선인 노동자를 강제동원했다. 조선인들은 '협화료協和寮'라고 불린 기숙사에 머물렀는데 증언에 따르면 그 근처에 조선인 요리옥이 개설되었다고 한다.[4]

<
홋카이도 미츠비시 비바이 탄광 근처 거리인 가로我路에 개설되었던 요리옥. 이 거리에는 조선인 요리옥 1채가 영업을 하고 있었다. 사진의 건물은 조선인 요리옥으로 쓰였다기에는 규모가 크고 화려한 편이나, 요리옥의 구조나 형태를 짐작할 수 있게 해준다.[5]

<
홋카이도 동려관東旅館 별채.[6] 오른쪽 건물 동려관의 별채로서 성매매가 묵인된 '특수음식점'으로 사용되었다. 1955년 일본에 '매춘금지법'이 생길 때까지 영업했으며, 이때까지 조선 여성이 있었다고 한다.

일본 규슈 후쿠오카의 '기업위안소'는 치쿠호筑豊 지역을 중심으로 존재했던 것으로 확인된다. 후루카와古河공업소의 미네지峰地탄광은 치쿠호의 소에다添田 지역에 소재했다. 미네지탄광에는 '쇼와료昭和寮', '니치룬료日輪寮'라고 불린 조선인 독신용 기숙사가 있었고 요리옥은 이들 독신자용 기숙사와 10분 정도의 거리에서 영업하고 있었다.

미네지탄광 바로 옆에는 후루카와古河공업소의 오오미네大峰탄광이 있었다. '영심료映心寮', '애한료愛汗寮', '양신료陽信寮' 등의 조선인 독신자 기숙사가 있었고. 부근에는 조선인 노무자를 상대로 한 '쇼와정昭和亭', '취심醉心', '이모옥伊予屋' 등 조선인 여성이 있는 요리옥이 상당수 있었다.

기업위안소에는 1곳에 4~5명이 있었으며, 치마저고리를 입고 있었던 것이 특징이었다. 현지인 증언에 따르면 이들은 일본 안에서 동원된 여성들일 것이며, 이들이 조선에서 왔다는 얘기는 듣지 못하였다고 한다.

1939년 석탄광업연합회는 조선인의 성적 문제의 해결을 위해서는 위안소를 두는 것보다 가족을 부르는 것이 좋다는 의견을 냈다. 홋카이도 지역에 비해 후쿠오카에서는 기업위안소를 새로 설치하는 것에 소극적이었음을 알 수 있다.

∧
후쿠오카 대화옥大和屋 터.[7] 커다란 규모의 고급음식점이었으며, 방이 많았다. 전후에는 병원으로 쓰였다가 1992년 이후 기업위안소로 사용된 건물로 언론에 보도된 이후에 철거되었다. 아래 사진은 철거되기 이전의 대화옥으로 사용된 건물.

군함도라고 불린 나가사키長崎의 하시마端島에 강제동원된 조선인 노동자들에게도 '성적 위안' 대책이 마련되고 있었다. 1939년 6월 1일자 《오사카 마이니치신문-서부판 나가사키》에는 "독신자 광부의 천국으로, 군함도에서 병자와 부부를 내쫓음, 하시마 광산에 보기 드문 계획独身鉱夫の天国へ、軍艦島から疫病と夫婦者を駆逐, 端島炭鉱に珍計画"이라는 제목으로 다음과 같은 기사를 실었다.

2017년 7월에 한국에서 개봉된 영화 〈군함도〉에는 하시마에 강제동원 된 조선인 노동자들과 더불어 조선인 '위안부'들의 이야기가 나온다. 영화 속 '말년'이는 만주에서 일본군 '위안부' 생활을 강요받다가 일본의 하시마로 이송되어 다시 '위안부' 생활을 한다. 엔딩 크레딧에는 말년이가 지냈던 곳을 '유곽', 말년이와 같은 처지의 여성들을 '위안부'라고 표기했다. 그러나 일본 공창제하에서 조선인 여성은 성매매가 법적으로 금지되어 있었다는 사실을 상기하면 법적 성매매 업소인 '유곽'이라기보다는 형식적 성매매가 묵인된 요리옥, 또는 특수음식점이라고 보는 것이 사실에 가까울 것이다. 그리고 이들 업소는 조선인 노동자의 대규모 동원과 함께 기업위안소로 활용되었다.[8]

端島炭礦の軍艦島　長崎要塞司令部許可濟

# 獨身礦夫の天國へ

## 軍艦島から疫病と夫婦者を驅逐

## 端島炭礦に珍計畫

生産減殺と…努力不足と…病魔逆襲…に惱む軍艦島の深刻な惱みをどう乘りきるか？梅香崎署にまたしても季節的な、時局的な要再檢討シーズンが迫つて來た

◇—◇

日本一の炭質と日本一の深い礦底を持つ軍艦島、長崎港外端島炭礦にはすでに數名の腸チブス患者が發生、例年百名近くの患者を出し炭礦當局はもちろん縣衛生課や梅香崎署を惱ませ昨年、便所の改良や海水使用の制限をして万全を期したが矢張り本年も遂に發生した

◇—◇

日本一の炭質は時局柄いよいよその出炭量を増加し國策に副ふべきである、しかし勞務者が足りない一千數百名の獨身礦夫に對して料理屋？の女は僅かに廿名内外、獨身礦夫は神様ではない、夫婦者や家族者を多くすれば不生産的な家族を、土一升、米一升といふ貴重な狹い島に收容しなくてはならぬ島は軍艦のようにほんとうに狹い結局獨身者が最も經濟的になつて來るわけだ

◇—◇

現在滿足な氣持で働いてゐる獨身者は殆どゐないといはれ、このまゝではどうして能率をあげて行くか問題となつてゐるが炭礦當局、梅香崎署では近い高島に最小限度の歡樂街を新設して端島との間に夜は十二時ごろまで朝は五時ごろから定期船といふ素晴らしいプランが立てられようとしてゐる

◇—◇

かくして青年礦夫を増加能率をあげて國策に副ひ、この元氣で衛生施設をさらに完備し、腸チブス菌を吹き飛ばし軍艦島のユートピアを建設しようといふ一石二鳥策となるが、ならぬか黒ダイヤ王國の噂とりどりである

∧

군함도 하시마의 노동자들에 대한 '성적 위안' 대책을 소개하는 신문기사.

1천 수백 명의 독신 광부에 대해서 요리옥의 여자는 겨우 20명 내외, 독신 광부는 신이 아니어서 부부와 가족을 많이 데려오면 비생산적인 가족을 흙 한 줌, 쌀 한 되 귀중한 작은 섬에 수용하지 않으면 안 된다. 섬은 군함과 같이 작아 결국 독신자가 가장 경제적인 것이다. 현재 만족한 기분으로 일하는 독신자는 거의 없다고 하여 이대로 어떻게 능률을 올릴 수 있을까가 문제가 되어 탄광 당국, 우메가사키 경찰서梅香崎署에서는 가까운 다카시마高島에 최소한도의 환락가를 신설해서 하시마端島와의 사이에 밤에는 12시까지, 아침에는 5시부터 정기선이라는 멋진 계획을 세우고 있다.

이는 하시마탄광의 '요리옥'이 부족하여 다카시마탄광에 '환락가'를 설치하여 하시마탄광의 노동자로 하여금 이용하도록 한다는 내용이었다. 독신남성 노무자의 업무 효율을 위한 요리옥 설치라는 의미에서 이를 기업위안소로 볼 수 있을 것이다. 그러나 이들 요리옥을 조선인이 실제로 이용했는지는 불분명하다.

한편 하시마에도 조선인 여성이 작부로 일했다는 증언이 있다. 1919년생 충북 충주 가금면 출생으로 1942년 모집을 통해 하시마탄광으로 징용된 유가금(가명)은 다음과 같이 말했다.

섬에는 '몸 파는 조선 여자들'이 있었다. 살림하는 여자들이 몸을 팔기도 했고, 하코방 같은 데서 여자들이 나오기도 했다. 한 집에는 3, 4명 정도, 전부 20명 정도 있었던 것 같다. 말투를 들어보면 주로 경상도 여자였다.[9]

*

다음의 참고문헌을 요약하고 정리했다.


- 西田秀子, 〈戦時下北海道における朝鮮人 '労務慰安婦' の成立と実態—強制連行と関係性において—〉, 《女性史研究》 1, 2003.
- 정진성, 〈강제동원기 기업 '위안부' 에 관한 연구: 北海道(홋카이도) 탄광 지역을 중심으로〉, 《일본군위안부 문제에 관한 국외자료 조사·연구(II)》, 여성부, 2003.
- 박정애 작성, 〈전시하 일본 지역의 '기업위안소'와 조선인 '기업위안부'에 대한 진상조사-홋카이도와 규슈 지역을 중심으로〉, 대일항쟁기 강제동원 피해조사 및 국외강제동원희생자 등 지원위원회, 2011.

# 국제여성·시민연대로
# 가해자를 심판하다

# 2000년 일본군 성노예 전범 여성국제법정

## 새로운 시대를 여는 평화와 젠더 관점의 시민법정

20세기가 저물어가는 2000년 12월 8일, 일본 도쿄에서 2000년 일본군 성노예 전범 여성국제법정(이하 2000년 여성법정)이 열렸다. 제2차 세계대전이 끝난 이후 개최되었던 전후戰後 재판에서 제대로 다뤄지지 않았던 일본군 '위안부' 제도의 책임자를 처벌하고 묻고 피해자 중심의 정의를 실현하며 평화와 젠더 관점에서 21세기를 새롭게 만들어가겠다는 의지의 장이었다. 각국의 전문가로 구성된 판사단은 3일간의 사실인정을 거치고 같은 해 12월 12일 약식 판결을 내렸다. 이어서 2001년 12월 3일과 4일에는 네덜란드 헤이그에서 열린 2000년 법정 최종판결을 통해 일왕 히로히토와 전범 9명에게 유죄를 선고하고 일본의 국가배상 책임을 분명히 하였다.

2000년 여성법정은 법적 구속력이 없는 민간법정의 성격으로 열렸다. 세계시민의 힘으로 엄격한 형식과 내용을 통해 일본군 '위안부' 문제의 본질을 재확인하고 젠더와 시민의 관점에서 지난 권위주의 시대의 폭력과 범죄를 처벌했다는 점에서 상징적인 의미가 있다. 세계 시민사회에 일본의 전쟁범죄를 공식화하였으며, 전시 여성에 대한 성폭력을 반드시 처벌해야 할 범죄로 인정하고 국제적으로 공유하였다.

2000년 12월 8일부터 12일까지 일본 도쿄에서 열린 2000년 일본군 성노예 전범 여성국제법정 전경.[1] 개최 전날인 12월 7일에는 전야제가 열렸으며, 판결 전날인 12월 11일에는 '오늘날 전쟁 및 무력갈등하의 여성에 대한 범죄'를 주제로 국제공청회가 개최됐다.

2000년 여성법정이 열린 일본 도쿄의 구단회관九段會館 행사장 안에 마련된 한국의 '위안부' 피해자이자 활동가인 강덕경의 그림들.[2] 일본의 공식 사죄와 책임자 처벌을 염원하던 강덕경은 소원을 이루지 못하고 1997년 폐암으로 작고했다.

세계 각지의 전문가들로 구성된 2000년 여성법정[3]의 판사단이 작성한 최종 판결문은 모두 8부로 구성되어 있다.

2000년 여성법정의 최종 판결문에는 법정의 정신과 내용, 그 역사적 의미가 집대성되어 있다. 여기에서는 그 일부를 발췌·소개하여 2000년 여성법정을 기억하고 과거와 현재, 미래를 잇는 일본군 '위안부' 문제의 본질을 생각해보고자 한다.

더불어 2000년 여성법정 개최 20주년을 앞두고 있는 현재, 20여 년 전 국제 여성, 시민 및 일본군 '위안부' 피해 생존 여성들이 뜻을 모아 적시해놓은 문제의 본질과 그 해결 방향 등이 어느 정도 인식되고 실천되고 있는지도 되돌아보고자 한다. 이하 폴더 바탕에 담긴 내용은 판결문의 내용을 발췌한 것이다.

**The Women's International War Crimes Tribunal For the Trial of Japan's Military Sexual Slavery**

**Case No. PT-2000-1-T**
**Original: English**
**Corrected: 31 January 2002**

---

**THE PROSECUTORS AND THE PEOPLES OF THE ASIA-PACIFIC REGION**

**v.**

**HIROHITO EMPEROR SHOWA**
**ANDO Rikichi,**
**HATA Shunroku,**
**ITAGAKI Seishiro,**
**KOBAYASHI Seizo,**
**MATSUI Iwane,**
**UMEZU Yoshijiro,**
**TERAUCHI Hisaichi,**
**TOJO Hideki,**
**YAMASHITA Tomoyuki**
**and**
**THE GOVERNMENT OF JAPAN**

---

# JUDGEMENT

---

Before: **Judge Gabrielle Kirk McDonald, Presiding**
**Judge Carmen Argibay**
**Judge Christine Chinkin**
**Judge Willy Mutunga**

Delivered: **4 December 2001**
**The Hague, The Netherlands**

여성국제전범법정 판결(2001년 12월 4일)

일본군 성노예 전범 여성국제법정

사건번호: PT-2000-1-T

원본: 영어

수정: 2002년 1월 31일

---

검사단 및 아시아 태평양 지역의 사람들

V.

히로히토 일왕

안도 리키치

하타 슌로쿠

이타가키 세이시로

고바야시 세이조

마츠이 이와네

우메즈 요시지로

데라우치 히사이치

도조 히데키

야마시타 도모유키

그리고

일본정부

---

판결

---

앞: 판사 가브리엘 커크 맥도날드, 재판장

판사 카르멘 알지베이

판사 크리스틴 친킨

판사 윌리 뮤턴가

인도: 2001년 12월 4일

네덜란드 헤이그

**A. 침묵의 역사를 깨다**

1990년대 초, 여성들은 거의 반세기에 걸친 고통스러운 침묵을 깨고 1930~40년대 아시아·태평양 지역의 전쟁 중 일본군 성노예제에서 자신과 다른 여성들이 겪었던 온갖 만행에 대해 사죄와 배상을 요구하였다. 완곡한 표현으로 '위안부'라 불리는 피해 여성들의 용감한 폭로는 아시아·태평양 전역에 살고 있는 수백여 명의 생존자들이 자신의 목소리를 내게 하는 힘이 되었다. 이들은 일본군 내 제도화된 강간, 성노예제, 인신매매, 고문, 그리고 당시 소녀 및 여성들에게 자행됐던 기타 형태의 성폭력 공포에 대해 세계를 각성시켰다. 청춘도 미래도 박탈당한 피해자들은 폭력, 강압, 사기에 의해 징집되고 매매되었으며 일본군의 전선을 포함한 모든 곳에 존재했던 '위안소', 더 정확하게는 성노예 시설에 감금되었다.

20세기 끝자락에 소집된 '2000년 일본군 성노예 전범 여성국제법정'은 생존 피해자에 의한, 동시에 생존하지 못한 모든 피해 여성들을 위한 약 10년에 걸친 노력의 결실이다. 본 법정은 정의를 보장하는 책임을 다하는 데 국가들이 실패한 결과로서 설립되었다.

이러한 의무의 불이행에 대한 근본적인 책임은 전후 1946년 4월부터 1948년 11월에 걸쳐 도쿄에서 열린 '극동국제군사재판소'

에서 '위안부제도'에 존재했던 강간과 성노예제에 대한 충분한 증거를 확보하고 있었음에도 불구하고 당시 일본 관료들을 기소하지 않았던 연합국들에 있다. 국제적으로 성립되었던 법정에서 이와 같은 규모의 조직적인 잔학행위를 고의적으로 묵인하였다는 것은 어처구니없는 일이며 몹시 차별적인 일이다.

그러나 주된 책임은 지난 56년 동안 해당 범죄에 대해 지위를 막론하고 그 어떤 가해자의 법적 기소도, 공식적이며 완전한 사죄도, 배상과 기타 의미 있는 구제조치도 이행하지 않고 있는 일본 국가에게 있다. 어떠한 움직임도 보이지 않고 있는 이러한 상태는 1990년 이후 생존자들의 반복적인 요구와 UN특별보고관의 치밀한 조사, 국제사회의 권고조치에도 불구하고 계속되고 있다.

본 법정은 이러한 책임 불이행으로 인해 생존자의 목소리가 묻혀버리거나 일본 국가가 인도에 반한 죄에 대한 책임을 회피해서는 안 된다는 신념으로 설립되었다. 또한 여성에 대한 범죄, 특히 성범죄, 나아가 피지배 민족의 여성을 대상으로 한 범죄의 경우, 그 범죄를 경시하고 묵과하거나 축소하며 본질을 흐려온 역사적 경향을 바로잡기 위해 설립했다.

본 법정은 인생의 마지막 여정에 다다른 생존자들이 고통 속에서도 용감하게 끊임없이 표명해온 믿음, 바로 범죄의 책임이 인정되고 그 소재가 명백해짐으로써 생존자들이 여생을 평안과 안정 속에서 살아갈 수 있다는 믿음, 또한 일본 국가가 궁극적으로 그 책임을 인정하고 생존자들에게 용서를 구함과 동시에 배상을 할 것이라는 믿음에 따라 설립되었다.

본 법정은 정의는 여전히 실현 가능하고 이러한 만행이 다시는 반복되지 않을 것이라는 강경한 희망의 결과이다.

본 법정은 전 세계 시민사회의 목소리가 모여 잉태되고 설립된 민중법정이다. 따라서 법정의 권한은 국가나 정부 간 기구에서 비롯되는 것이 아니라 아시아-태평양 지역의 사람들, 더 나아가 일본이 국제법상 그 책임을 다해야 할 전 세계의 사람들에게서 나온다.

다른 인권 문제에서와 마찬가지로 본 법정의 권한은 제시된 증거를 검토하고 정확한 역사 기록을 작성하며 인정된 사실을 바탕으로 국제법의 원칙을 적용할 수 있는 역량에서 비롯된다. 본 법정은 일본정부에게 가장 큰 부끄러움이 위와 같은 범죄들에 대한 진실된 기록이 아닌 이러한 범죄에 대한 법적, 도덕적으로 완전한 책임을 지지 않고 있다는 점이라는 것을 깨닫기를 촉구한다.

본 법정의 각 판사는 민중의 결집된 의지와 시민사회에서 법의 근본적 역할에 대한 깊은 존중을 바탕으로 참석한다. 본 민중법정은 국제법 및 국내법적 지배의 기반이 법적 책임에 있다는 신념에 기초하며, 여기서 법적 책임이라 함은 국제법적으로 확립된 규범들을 심히 위배하는 행위 및 정책을 행한 개인과 국가가 마땅히 져야 할 책임을 이른다. 이러한 위법행위를 묵인하는 것은 향후 유사한 범죄들의 재발을 초래하는 것이며 죄에 대한 무無처벌의 문화를 지속시키는 것이다.

여성에 대한 성폭력은 전염성이 있다. 전시에는 여성에 대한 성폭력의 빈도와 잔혹성이 심화된다. 본 법정 절차를 통해 소녀 및 여성들의 성노예 제도화는 일본군의 군사적 침략의 필수 구성 요소였다는 것을 밝힌다.

피해 여성들의 증언을 통해 성폭력 피해 여성들은 정의 구현에 따른 인정과 치유가 부정당하고, 단지 그들이 당한 범죄가 성적인 것이었다는 이유로 지역사회나 가족으로부터 소외당함으로써 그 고통이 가중되었음을 알 수 있다. 생존자들은 그들이 당한 만행에 대한 책임을 피해 여성에 지우는 성차별적 사고방식 때문에 수치심과 침묵 속에서 신체적으로나 심리적으로 고통받아왔다. 본 법정의 결정은 해당 범죄에 대한 적절한 책임귀속, 즉 성폭력 범죄의 피해자가 아닌 가해자에게 그 책임을 묻고자 하는 것이며, 그렇게 함으로써 현대사회에서도 여전히 여성을 예속시키고 있는 성적 고정관념의 만연을 바로잡는 데에 기여하고자 한다.

**B. 법정의 조직**

(중략)

본 법정에 제출된 기소장 및 발표는 동티모르, 인도네시아, 일본, 말레이시아, 네덜란드, 남북한(공동), 중화인민공화국, 필리핀 및 대만의 검사들이 인솔하는 여러 분야의 전문가로 구성된 팀들이 준비하였다. 이들 모두 본 법정을 실현시키기 위하여 2년이 넘는 기간 동안 각자 또는 공동으로 일하였다. 각 검사단은 국가별 기소장을 제출했다.

## 극동국제군사재판,
## 일본군 '위안부' 제도의 가해 책임을 묻지 않은 전후 전범재판

극동국제군사재판의 결과를 알리는 신문기사(《동아일보》 1948년 11월 14일)이다. 극동국제군사재판, 이른바 '도쿄재판'은 제2차 세계대전 이후 연합군 11개국이 일본군과 정부의 책임을 묻기 위해 열었던 전범재판이다. 1946년 5월부터 2년여 간에 걸친 심리를 열고 1948년 11월 12일 판결을 내렸다. 도조 히데키東条英機, 우메즈 요시지로梅津美治郎 등 피고 28명이 '평화에 반한 죄'(A급전생범죄), '통례의 전쟁범죄'(B급전쟁범죄)로 심판되었다.

한편 도쿄재판은 미국 등 전승국의 이해를 반영하여 일본의 가해 책임을 철저하게 묻지 않았다는 한계를 안고 있다. 전쟁의 최고 책임자인 히로히토 일왕에게 면죄부를 줬고, 조선이나 대만 등에 대한 일본의 식민지배 책임을 묻지 않았으며, 일본군이 위안소를 설치하고 여성들을 강제동원했다는 증거자료가 다수 제출되었음에도 불구하고 정부와 군이 주도한 성폭력 시스템에 대한 가해 책임을 따지지 않았다. 2000년 여성법정은 남성중심적이고 제국주의적인 이해가 반영됐던 전후 전범재판의 책임을 지적하고 이를 극복하기 위해 개최한다는 사실을 분명히했다.

# 侵略元兇輩를斷罪

# 東條等七名絞首刑

## 東京戰犯裁判言渡

## 小磯·南等은終身刑

### 韓國關係三名도包含

### 各被告의罪名

### 公正한審理

東條辯護士談

### 南北交易 對象에 阿片密輸入

京畿道厚生局서徹底團束

### 暴徒西歸浦發電所來襲

## 2000년 여성법정을 이뤄낸 국제여성연대

2000년 여성법정을 개최하기까지는 10년이 넘는 국제 여성·시민들의 노력이 있었다. 김학순을 시작으로 일본의 전쟁범죄를 증명했던 아시아 피해 여성들의 행동이 있었으며, 여기에 공명하여 진상규명과 책임자 처벌, 미래사회를 위한 교육을 요구했던 국제사회의 움직임이 있었다. 한국, 북한, 대만, 필리핀 등 아시아 피해국 여성들과 일본의 양심적인 시민단체들은 1992년부터 '아시아 연대회의'를 열고 서로 정보와 활동을 교류하며 함께 운동을 전개했다. 1998년 4월 일본의 마츠이 야요리松井やより가 제

2000년 여성법정 개최를 결정한 제5차 아시아연대회의(1998년 4월 15~17일).[4]

안하고 서울에서 개최된 제5차 아시아 연대회의에서 공식 확인하여 2000년 여성법정을 개최하기로 결정하였다.

2000년 여성법정 개최를 위한 국제실행위원회의 공동대표는 한국 정대협의 윤정옥, 일본 바우넷 재팬VAWW-NETジャパン의 마츠이 야요리, 필리핀 여성을 위한 아시아인권센터의 인다이 사호르Indai Sajor가 맡았다. 한국위원회는 산하에 운영위원회, 법률위원회, 진상규명위원회, 기획홍보위원회, 재정위원회, 대외협력위원회를 두고 정대협에 사무국을 설치하였다. 그리고 월례 모임을 통해 사례 연구와 토론을 거듭함으로써 2000년 여성법정의 성격과 법정의 구체적인 틀을 갖추어갔다.

국제실행위원회 공동대표인 인다이 사호르, 마츠이 야요리, 윤정옥 대표가 2000년 여성법정에서 인사를 하고 있다.[5]

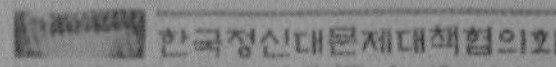

한국위원회 사무국인 정대협이 1998년 11월 박원순 변호사에게 보낸 한국위원 위촉상과 그 별첨 자료인 〈2000년 여성국제전범법정을 향하여〉.[6]

## 남과 북의 공동기소 결정

한국과 북한은 2000년 7월 필리핀에서 제4차 국제실행위원회가 열렸을 때 공동기소단을 꾸리고 공동기소장을 제출하기로 결정하였다. 분단 이전 일본의 식민지 지배체제하에서 일어났던 일본군 '위안부' 피해의 역사성을 인식하고 미래를 위해 남과 북이 공동으로 과거 역사에 대응하기로 합의한 것이다. 직접 소통하기 어려운 현실의 문제는 일본 바우넷 재팬을 통해 북한이 보내온 자료를 팩스로 받아 한국에서 검토하는 형식으로 극복해나갔다. 이후 2000년 9월 제5차 국제실행위원회가 열린 대만에서 만나 본격적인 논의를 진행하였고 같은 해 12월 2000년 여성법정이 열리기 직전 도쿄에서 만나 공동기소를 위한 조율작업을 압축적으로 진행하였다.

∧
남북 공동기소가 결정된 2000년 7월의 필리핀 마닐라회의.[7]

∧
2000년 여성법정 개최를 앞두고 일본 도쿄에서 열린 남북 공동기소에 관한 공동 기자회견.[8] 왼쪽부터 남측 검사단 박원순, 조시현, 정대협 공동대표 김윤옥, 북측 검사단 황호남, 황선옥, 정남영.

09/11/00 20:16 FAX

한국 정대협 귀중 북한측 자료

① 박영심. 김영숙 자료

③ 위안부 40여명 명단

《전쟁과 녀성에 대한 폭력》 일본네트워크

김부자선생 앞 (공동기소장자료전달건)

날씨가 점점 추워 지는데 《법정》준비로 수고가 많으리라고 생각합니다.

《법정》에 증인으로 나설 예정인 박영심과 김영숙에 대한 자료를 보냅니다.

우리 나라에서 공개증언에 나선 《위안부》피해자들과 관련한 자료도 함께 보냅니다.

공동기소장 우리측안에 해당한 부록과 법정대본과 관련한 의견은 빠른 시일안으로 보내겠습니다.

《종군위안부》 및 태평양전쟁피해자 보상대책위원회

주체89 (2000)년 11월 9일

북측 자료의 팩스 전달.[9]

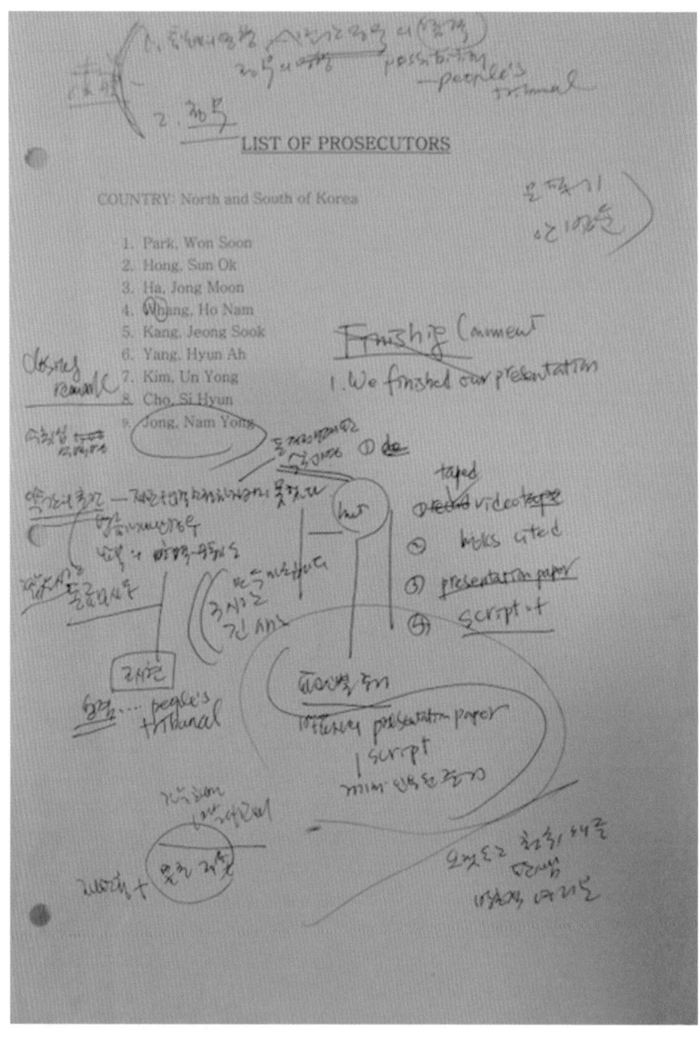

LIST OF PROSECUTORS

COUNTRY: North and South of Korea

1. Park, Won Soon
2. Hong, Sun Ok
3. Ha, Jong Moon
4. Whang, Ho Nam
5. Kang, Jeong Sook
6. Yang, Hyun Ah
7. Kim, Un Yong
8. Cho, Si Hyun
9. Jong, Nam Yong

∧

남북 공동기소단의 영문 명단. 공동기소단의 수석 검사를 맡았던 박원순이 법정 발언 등에 대해 가필한 흔적을 볼 수 있다.[10]

2000년 여성법정을 홍보하는 북한 측 포스터.[11]

## 2000년 여성법정 한국위원회 부대표를 맡았던 정진성 교수의 회고 기록

**정의로 향하는 길, 뜨겁고 긴박했던 순간들**__1990년 11월에 정대협이 설립되기 전부터 윤정옥 교수를 비롯한 우리 여성들은 일본의 여성들과 '위안부' 문제를 위해 교류했으며, 남북한 여성들 간의 대화도 진행되었다. 이러한 연대는 필리핀, 대만 등지의 여성들과도 아시아 연대회의를 통해 확대되어 갔다. 1992년부터 유엔으로, 1995년부터는 국제노동기구ILO로 이 문제를 가져가 세계사회에 큰 반향을 일으켰다. 그래도 일본정부는 움직이지 않았다. 정부 간 기구들을 통해서는 정의가 좀처럼 세워지지 않는 것 같았다. 1998년 제5차 아시아 연대회의에서 2000년에 우리 여성들은 민간people법정을 세우자는 데 감동적으로 합의했다. 1960년대 베트남전쟁의 불의함을 알리기 위해서 버트란드 러셀, 노암 촘스키 등 당시의 지성인들이 모여 개최한 러셀법정이 우리의 모델이었다.

이후 2년간 한국과 일본, 대만의 '위안부' 운동은 이 법정에 온 힘을 기울였다. 정부간에는 이루어지기 힘든 결정들이 하나하나 매듭지어져갔다. 공청회 중심의 러셀법정과 달리, 우리는 현실의 법정과 같은 형태로 진행하기로 결정했다. 장소를 어디로 할 것인가. 피해자가 가장 많이 나온 한국에서 하자고 한 피해 국가 여

>
제5차 아시아 연대회의에 참석한 정진성 교수(맨 오른쪽).[12]

성들은 제2차 세계대전 직후 미완성으로 문 닫은 극동국제전범재판을 완성하는 의미에서 일본 도쿄에서 열자는 의견에 동의했다. 일본정부에 더해 개인에게도 책임도 묻고, 법적 판단은 유죄인가의 판단에만 그치자는 데 합의가 이루어졌지만, 일왕을 가해자로 지목하는 것을 둘러싸고는 매우 날카로운 긴장이 조성되었다. 우리는 일왕의 책임을 묻지 않는 미완의 법정을 왜 또 하느냐고 강하게 문제를 제기했고 결국 일왕의 죄를 추궁하기로 결정했다. 5명의 판사들이 '히로히토 유죄'라는 판결문을 읽었을 때, 도쿄 법정은 감격의 함성으로 덮였다.

2000년 여성법정을 준비하면서 우리는 한국 내에도 이 법정의 의미를 알리고 운동을 발전시키기 위해서 연구위원회를 만들어 참여자의 폭을 넓혀서 공부하고 증언집, 역사서, 법적 연구서를 포함한 여러 권의 책을 출판했다. 뿐만 아니라 대학생위원회를 만들어 전국 대학의 학생들을 참여시켜 대학생들 차원의 법정도 만들고 '위안부' 문제에 대한 고민을 나누었다. 미국동포, 독일동포들이 열성적으로 참여하여 활동하고 모금하여 법정의 경비에 큰 도움을 주었다. 2000년 여성법정은 11개국이 기소단을 구성하여 위안부 범죄를 법적으로 추궁하느라 각 나라에서 흩어져 있던 자료를 모으고 정밀하게 논리를 구축하여 위안부 문제 해결의 국내적 발전에도 기초를 이루었다고 보인다. 특히 이러한 효과를 어느 나라보다도 크게 이룬 곳이 한국이다.

2000년 여성법정 과정에서 가장 획기할 만한 일은 남북한이 공동으로 기소팀을 만들었다는 사실이다. 11개의 피해국들은 이틀간의 기소를 위해서 각기 1시간 반의 시간을 할당 받았다. 남북한은 '위안부' 피해를 당한 시점에서 하나의 나라였으므로 그 역사적, 사회적 피해의 조건이 같았을 뿐 아니라 피해자들이 남북 관계없이 동원되고 전후에 귀국했으니, 별도의 기소를 하는 것이 사리에 맞지도 않았다. 문제는 남북의 대화통로를 가로막은 장벽이었다. 우리는 일본의 동포들을 통해 준비를 진행시키자고 다짐했지만, 팩스 하나도 전달되지 못하는 분단의 현실을 절절하게 체험해야 했다. 그냥 어찌 되겠지 하는 심정으로 법정 사흘 전에 도쿄에 도착하여 만난 남북의 기소팀은 반가워 눈물을 흘렸지만, 더이상 진전이 안 되는 서로의 시각의 차이를 절감했다. '일제의 말발굽에 짓밟혀……'를 반복하는 북쪽 팀에 젠더 시각을 이해시키는 일은 정말 힘들었지만, 모두가 지혜를 모았다. 우리는 역사적 배경, 피해 사실, 해방 후 귀국, 생활 등등 항목을 가능한 한 세세하게 나누고 남북이 골고루 항목을 나누어 정리한 후 맞추어 보았다. 큰 담론에서 맞섰던 남북 팀은 세부 사실의 객관성을 기반으로 무난히 하나의 그림을 그릴 수 있었다. 만세, 남북 통일을 시민 차원에서 이루었을 때의 감격은 히로히토 유죄 판결 때와 또 다른 마음의 깊은 곳에서 우러나왔다.

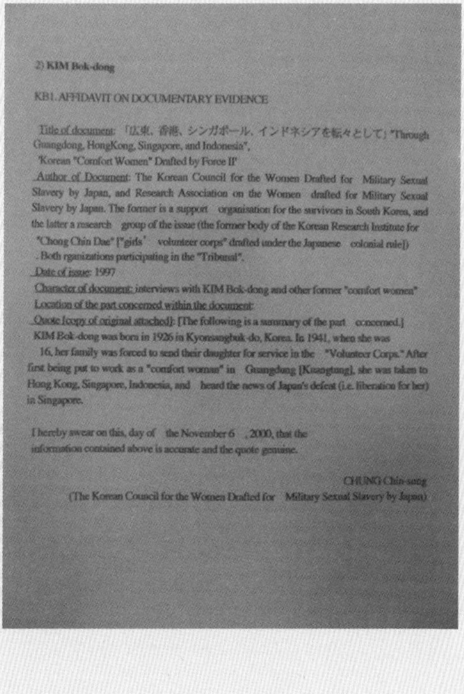

2) KIM Bok-dong

KB1. AFFIDAVIT ON DOCUMENTARY EVIDENCE

Title of document: 「広東、香港、シンガポール、インドネシアを転々として」"Through Guangdong, HongKong, Singapore, and Indonesia",
'Korean "Comfort Women" Drafted by Force II'
Author of Document: The Korean Council for the Women Drafted for Military Sexual Slavery by Japan, and Research Association on the Women drafted for Military Sexual Slavery by Japan. The former is a support organisation for the survivors in South Korea, and the latter a research group of the issue (the former body of the Korean Research Institute for "Chong Chin Dae" ["girls' volunteer corps" drafted under the Japanese colonial rule]). Both rganizations participating in the "Tribunal".
Date of issue: 1997
Character of document: interviews with KIM Bok-dong and other former "comfort women"
Location of the part concerned within the document:
Quote [copy of original attached]: [The following is a summary of the part concerned.]
KIM Bok-dong was born in 1926 in Kyonsangbuk-do, Korea. In 1941, when she was 16, her family was forced to send their daughter for service in the "Volunteer Corps." After first being put to work as a "comfort woman" in Guangdong [Kuangtung], she was taken to Hong Kong, Singapore, Indonesia, and heard the news of Japan's defeat (i.e. liberation for her) in Singapore.

I hereby swear on this, day of the November 6 , 2000, that the information contained above is accurate and the quote genuine.

CHUNG Chin-sung
(The Korean Council for the Women Drafted for Military Sexual Slavery by Japan)

정진성 교수가 작성하여 2000년 여성법정에 제출한 김복동 할머니의 피해 사실 기록(2000년 11월 6일 작성).[13] 정진성 교수는 1993년부터 김복동 할머니의 증언을 청취해 증언집을 낸 바가 있다.

### D. 공동기소장과 국가책임에 관한 청구

검사단은 8개국의 국가기소장과 1개의 공동기소장을 제출하였다. 검사단은 헌장 제2조에 의해 다음의 피고인들을 강간과 성노예제라는 인도에 반하는 죄로 기소한다. 일왕 히로히토裕仁, 안도 리키치安藤利吉, 하타 슌로쿠畑俊六, 이타가키 세이시로, 고바야시 세이조小林躋造, 마츠이 이와네松井岩根, 데라우치 히사이치寺內寿一, 도조 히데키, 우메즈 요시지로.

검사단은 일본군이 제도화하여 유지한, 이른바 '위안부' 제도인 성노예제를 근거로 인도에 반하는 죄에 대한 형사책임을 물어 피고인을 기소하였다. 검사단은 소추당한 일본 고위관료들이 성노예제하에서 수천 명의 여성과 소녀들을 노예화하고 강간 및 여러 유형의 성적 고문, 학대, 살해를 포함한 온갖 정신적, 육체적 폭력에 시달리게 했다고 주장한다.

검사단은 증거에 의거하여 피고인 개개인에 대해 다음과 같이 주장한다. 각 피고인은 1937년에서 1945년까지 위안소를 통해 불법적 군 성노예제를 계획 또는 참여하거나, 이를 허용하여 이에 대한 적절한 조치를 취하지 않았다. 또한 피고인들은 위안소 제도를 지속시킴으로써 '위안부'에게 자행된 강간에 대해서도 책임이 있다.

검사단은 본 법정의 헌장 제4조에 의거하여 '원상회복 및 배상 청구소장'을 제출하였다. 이 청구에서 검사단은 범죄혐의에 대한 책임을 일본이 져야 한다고 주장했다. 이들 범행의 결과 여성들이 입게 된 피해, 그리고 일본이 당초의 위법행위를 구제하기 위해 가해자를 기소하고 배상하며 또는 다른 대책을 세울 의무를 이행하지 않으므로 이로 인해 피해자들이 지속적으로 입은 피해에 대해 일본에게 배상을 요구한다.

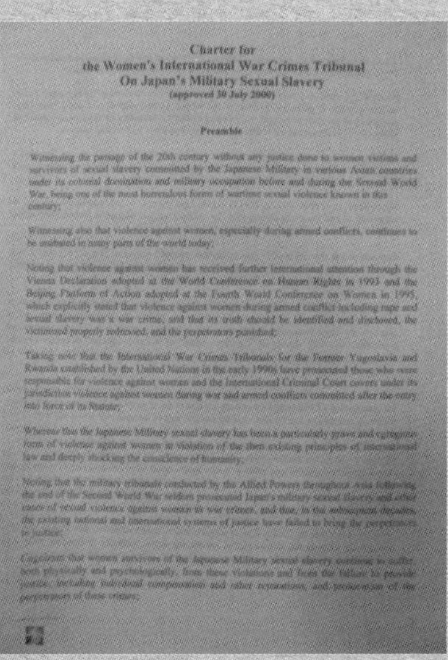

Charter for
the Women's International War Crimes Tribunal
On Japan's Military Sexual Slavery
(approved 30 July 2000)

Preamble

Appendix A

**Charter of the
Women's International War Crimes Tribunal 2000 for the Trial of Japanese Military Sexual Slavery**

**(INCORPORATING MODIFICATIONS AGREED UPON DURING THE HAGUE MEETING, 26-27 OCTOBER 2000)**

***Preamble***

*Witnessing* the passage of the 20th century without any justice done to women victims and survivors of sexual slavery committed by the Japanese Military in various Asian countries under its colonial domination and military occupation before and during the Second World War, being one of the most horrendous forms of wartime sexual violence known in this century;

Witnessing *also* that violence against women, especially during armed conflicts, continues to be unabated in many parts of the world today;

*Noting* that violence against women has received further international attention through the Vienna Declaration adopted at the World Conference on Human Rights in 1993 and the Beijing Platform of Action adopted at the Fourth World Conference on Women in 1995, which explicitly stated that violence against women during armed conflict, including rape and sexual slavery, was a war crime, and that its truth should be identified and disclosed, the victimised properly redressed, and the perpetrators punished;

*Taking note* that the International War Crimes Tribunals for the former Yugoslavia and Rwanda, established by the United Nations in the early 1990s, have prosecuted those who were responsible for violence against women and the International Criminal Court covers, under its jurisdiction, violence against women during war and armed conflicts committed after the entry into force of its Statute;

Whereas the Japanese Military Sexual Slavery has been a particularly grave and egregious form of violence against women in violation of the then existing principles of international law and deeply shocking the conscience of humanity;

*Noting* that the military tribunals conducted by the Allied Powers throughout Asia following the end of the Second World War seldom prosecuted Japan's Military Sexual Slavery and other cases of sexual violence against women as war crimes, and that, in the subsequent decades, the existing national and international systems of justice have failed to bring the perpetrators to justice;

*Cognizant* that women survivors of the Japanese Military Sexual Slavery continue to suffer, both physically and psychologically, from these violations and from the failure to provide justice, including individual compensation and other reparations, and prosecution of the perpetrators of these crimes;

**^**

2000년 여성법정 헌장. 왼쪽은 2000년 7월 30일 판본이고,[14] 오른쪽은 판결문에 부록으로 첨부된 최종본이다. 법정의 대원칙을 세우고 민간법정으로서 어떻게 구성하고 진행할지 규정했다. 2000년 7월 30일 확정하고 31일 필리핀 마닐라회의에서 채택한 헌장은 2000년 10월 26일과 27일에 네덜란드 헤이그에서 열린 판사단회의에서 최종 수정, 확정했다.

### H. 재판 과정

본 법정은 2000년 12월 8일부터 2000년 12월 10일까지 도쿄에서 생존자와 전문가 그리고 가해자들의 증언을 들었다. 2000년 12월 12일에 본 법정은 구두로 예비결정을 발표하였다. 생존자 64명이 재판에 참석했으며 이들은 자신들뿐만 아니라 생존하지 못한 수많은 소녀와 여성들, 그리고 아직도 침묵하고 있는 생존자들을 위해 정의를 찾으려고 하였다. 생존자의 증언들은 인간이 어떻게 이토록 비인도적인 행동을 할 수 있는가라는 의문을 던졌으며, 인종 및 민족차별, 성적 차별 그리고 전쟁이 초래할 수 있는 폭력성을 드러냈다.

본 법정은 감동적인 증언을 해준 생존자들의 용기와 존엄성에 감사하는 바이다. 또한 본 법정은 자신뿐 아니라 동료 군인, 장교 및 부하들의 범죄행위에 대해 증언을 한 퇴역 일본군 병사들의 의지와 정직함에 대해 감사를 표한다.

본 법정에 제출된 증거는 전 '위안부' 여성들에 대한 폭행과 피해를 드러내는 현존하는 문헌적·학술적·역사적 증거 자료의 일부분에 지나지 않는다. 또한 공식기록 외의 정부는 기존의 증거를 확인할 수 있는 경우에만 의존하며 피고인의 죄를 판정하는 데에는 고려하지 않는다.

## 지연된 정의를 구하기 위하여

재판에 임하는 입장으로서 첫째 지연된 정의의 회복, 둘째 민중에 의한 재판, 셋째 여성을 위한 법정, 넷째 식민지 민중이 제기하는 재판을 지적하면서 2000년 여성법정의 성격을 규정했다.[15]

남북 공동기소단의 박원순 검사가 기소를 시작하면서 발언을 하고 있다.[16]

## 일본군 '위안부' 피해 생존자 법정 증언

최종 판결문은 제2부 사실인정 B. 생존자의 증언 부분에서 "본 법정에서 증언한 피해 여성 증인들 거의 대부분이 영상 및 음성 변조기를 통한 보호조치를 거부하고 직접 자신의 이름을 이용해 공개 증언을 하였다. 단 한 명의 생존자만 가명을 사용하였다. 이러한 사실 자체가 피해 여성들이 감탄할 만한 용기와 강인함을 지니고 있는 것을 보여주는 것이다. 성범죄 피해자들이 공개법정에서 공개적으로 증언하는 경우가 드문 현실을 생각하면 더욱 그렇다"라고 평가하였다.[17]

"열여섯 살이었던 1944년 중국 한구漢口로 끌려갔다. 병사를 거부했다가 맞은 적도 있었다. 잔뜩 취해서 나를 죽이겠다고 위협한 병사도 있었다."

남북코리아: 중국 거주 한국인 하상숙

"열두 살 때 일본의 '병원' 같은 곳에 끌려갔다. 내가 피를 흘리며 우는데도 군인을 나를 강간했다. 내 몸을 보면 온몸이 상처투성이다."

남북코리아: 북한 김영숙

"만주로 끌려가 '위안부' 생활을 강요받았다. 그들은 나를 때리고 강간했다. 빨갛게 달군 철봉으로 나를 지져서 내 팔 안쪽에는 지금도 그때의 화상 흉터가 남아 있다. 나는 동정을 받고자 여기에 온 것이 아니다. 내가 일생을, 청춘을 잃어버렸다는 것을 모든 사람들에게 알려주고 싶다. 일본정부가 공식적으로 사과하지 않으면 나는 그들을 결코 용서하지 않을 것이다."

남북코리아: 남한 문필기

"식당에서 가수로 일하고 있다가 대만의 지방군청에 의해 중국 광동廣東의 위안소로 보내졌다. 통보를 받고 '위안부'가 될 수밖에 없었다. 일본은 그들의 나라를 위해 그런 짓을 했다고 말했다. 그러나 우리는 누구를 위한 것인가. 일본정부의 공개적인 사죄를 요구한다."

대만: 까오빠오주高寶珠

"1942년, 내가 열세 살 때였다. 일본군들이 집으로 들어와 내 눈앞에서 아버지를 죽이고 나를 납치했다. 나는 어떤 큰 집에 갇혀 강간을 당했다. 밤에 병사들이 들어왔기 때문에 밤이 오는 것이 끔찍했다. 나는 그냥 죽고만 싶었다. 그들이 나에게 저지른 상처는 매우 깊다. 나는 정의를 요구하고 있다."

필리핀: 토마사 사리녹Tomasa Salinog

"중국 산서성山西省 우현盂縣에 살고 있을 때 일본군에게 끌려가 굴 속에서 강간을 당했다. 도망쳤지만 다시 일본군에게 잡혀갔다. 그들은 내 손을 나무에 묶었고 온몸을 때렸다. 그리고 강간하고 나를 버렸다."

중국: 완아이화万愛花

"1941년 12월 일본군에게 납치당해 페낭의 '위안시설'로 보내졌다. 도망친다는 것은 불가능했다. 병사들은 우리를 질질 끌고 다녔고 목을 베겠다고 협박했다. 나는 '제발 부탁입니다. 제발 죽이지 말아주세요'라고 말했다."

말레이시아: 로잘린 소우Rosalind Saw, 비디오 증언.

"수용소에 억류되어 있었는데 일본군 장교들이 나타나 여자들을 뽑아갔다. 그들은 목부터 다리까지 칼로 내 몸을 쓸어내렸다. 마치 고양이가 쥐를 가지고 놀듯이, 잔혹하게 나를 강간했다."

네덜란드: 당시 인도네시아 자바섬 거주 네덜란드인 얀 루프 오헤른Jan Ruff-O'Herne.
이후 호주로 국적 변경.

"1942년 열여섯 살 때 집 앞에 있는데 일본군 6명이 직업을 알선해주겠다며 나를 끌고 갔다. 거절하자 그들은 나의 머리채를 당기고 총구를 들이대며 위안소로 끌고 갔다. 매일 여러 명의 군인들에게 강간당했으며 그들은 나를 잔인하고 굴욕적으로 취급했다."

인도네시아: 스하나Suhanah

"일본군에게 납치당했을 때 몇 살이었는지 기억이 나지 않는다. 나는 그저 어린아이였고 일본군에게 끌려가 강간을 당했다. 그들은 나를 집으로 보내주기는 했지만 매일 특정장소로 데려와 성적 서비스를 강요했다. 이렇게 강간당한 여성 중에는 살해당하는 사람도 있었다. 일본군은 모든 것을 파괴해버렸다."

동티모르: 에스메랄다 보에Esmeralda Boe

## 일본군 출신 남성의 법정 가해 증언

판결문은 제5부 법적 판단과 평결 A. 서문: 수리된 기소 사실과 증거의 개요 부분에서 다음과 같이 서술했다. "본 법정은 일본군 병사 출신 2명의 가해자로부터 위안소제도 안팎에서 여성에 대한 강간에 관련되었거나 혹은 이를 장려, 조장했다는 증언을 들었다. 그들의 증언은 '위안부'와 현지 여성들에 대한 성폭력 문화를 군이 장려했음을 뒷받침해주었다. 가해자 증언은 '위안부' 제도 안팎의 성폭력이 선택적인 동시에 인종주의적으로 이루어지고 있음을 확인해주었다. 그리고 일본인 입장에서 보아 강간이나 유괴를 해도 항의나 격렬한 분노 및 복수를 초래하지 않을 것으로 생각되는 여성들을 표적으로 했다는 고발을 확증했다. 우리는 자신의 범죄행위를 인정하는 이 증언을 신뢰할 수 있는 것으로 판단했다."

2000년 여성법정에 나와 일본군의 성폭력 가해행위를 증언하고 있는 가네코 야스지金子安治와 스즈키 요시오鈴木良雄.[18] 이들은 1940년 일본군에 입대하여 중국 산동성山東省 내 여러 지역을 이동하며 주둔하다가 일본 패전 후 조선 북부로 이동, 다시 시베리아에 억류되었다가 1950년 7월 중국 무순撫順 전범관리소에서 수용생활을 하고 1956년 불기소 처분을 받아 일본으로 귀국하였다.

생존자 증언과 더불어 검사단은 일본군 성노예제 역사에 관한 증거문서로서 일본 및 연합군의 공문서 기록과 참전병사들의 자서전 발췌기록 등을 제시하였다. 판결문의 제2부 사실 인정 C. "위안부제도" 설립과 유지에 대한 일본 또는 피고의 역할에 관한 증거서류 부분에서는 이에 대해 다음과 같이 기록하였다.

> 문서는 공적 책임의 증거로서 일본 국가로 하여금 '위안부' 제도에 대한 관여, 그리고 그 강압적인 성격을 일부 인정하도록 하는 데 중요했다. 그러나 입수가 가능한 일본 문서는 국가책임에 관한 전체 기록의 일부 잔존물에 지나지 않는다. 일본군 및 정부는 당국 최고위의 지시하에 전쟁 관련 문서를 고의적으로 파기하였다. 제출된 기록이 부분적이고 일본 정부가 증거인멸에 관여했음에도 불구하고 우리는 본 법정에 제출된 증거에만 한정하여 판정하였다

검사단의 제출 서류 중 특별히 중요도가 높다고 판단하여 판결문에서 언급하고 있는 자료는 이와 같다. 인용 내용은 판결문이 기록한 자료의 가치 부분이다.

□ 일본 측 공문서

〈군위안소 종업부 등 모집에 관한 건軍慰安所従業婦等の募集に関する件〉(1938. 3. 4)과 〈대만군 전문 602호 남방파견도항자에 관한 건台電602号 南方派遣渡航者に関する件〉(1942. 3. 12).

전시에 일본 정부와 군이 작성하였던 내부 문서 2건은 위안소 정책의 결정과 모든 단계의 정부 명령계통 활동에 대한 일본의 광범위한 책임을 충분히 입증한다.

□ 미국 측 공문서(연합군 보고서)

〈일본인 전쟁포로 심문보고서 제49호U. S. Office of War Interrogation Report No.49〉(1944. 10. 1)와 〈동남아시아 번역 심문센터 심리전 심문회보 제2호SEATIC Psychological Warfare Bulletin No.2〉(1944. 8. 10 심문/11. 30 발간).

버마위안소에 있던 여성들의 심문에 관한 연합군 측의 2건의 보고서는 일본군이 성노예제의 설립 및 운영에 직접 혹은 간접적으로 관여하였음을 뒷받침한다. 또한 이는 연합군 측이 '위안부' 제도의 강제적 성격에 대한 증거를 확보하고 있었다는 주장을 뒷받침한다.

□ 일본정부 발간 보고서 〈이른바 종군위안부 문제에 대하여いわゆる従軍慰安婦問題について〉(내각관방 내각외정심의실, 1993. 8. 4)

1992년까지 일본 정부는 여성 및 소녀들을 '위안부' 제도로 징집하는 과정이나 그 강제성에 관하여 정부나 군이 관여했음을 부정해왔다. 그러나 피해 생존자들이 입을 열기 시작하고 개인 연구자들이 일본의 죄를 입증하는 문서를 발견하자, 국내외 압력을 받은 일본정부의 고관들이 국가의 책임에 대해 부분적이지만 중대한 시인을 했다.

## 판사단 전원일치 유죄 판결

2000년 12월 12일 2000년 여성법정 마지막 날 판사단이 전원일치로 피고인 9명에 대해 '유죄!'를 선고하자 피해 생존여성들이 환호하고 있다. 이날 히로히토 일왕은 일본정부의 최고 책임자로서 종전 이후 최초로 유죄를 선고받았다.[19]

제5부 법적 인정과 판결

### D. 판결

결론적으로 피고인 9명을 강간과 성노예제에 대한 인도에 반하는 죄로 기소한 공동기소장에 관해 판사단은 전원일치로 일왕 히로히토, 안도 리키치, 하타 슌로쿠, 이타가키 세이지로, 고바야시 세이조, 마츠이 이와네, 데라우치 히사이치, 도조 히데키, 우메즈 요시지로를 헌장 제3조 2항 및 제3조 1항에 따라 '위안부'에게 자행된 범죄에 대해 상관으로서의 책임 및 개인으로서의 책임에서 유죄로 결정한다.

제7부 배상

### A. 서론

배상은 범죄 피해자에 대하여 제공되어야만 하는 매우 중대한 시정조치의 형태이다. 배상의 형태는 각 사건의 사실 관계에 따라 달라지지만, 가장 일반적인 형태의 복원, 원상회복, 손해배상 및 속죄 등이 모두 고려되어야 한다. 더욱이 범죄가 발생한 기간은 범죄가 이루어진 수년에 더하여 추가적인 피해가 더해지면서 긴 기간에 걸쳐 이루어졌으며, 이는 전후 일본정부가 해당 범죄에 대해 책임을 부담하지 않고 배상조치를 하지 않음으로 인한 직접적인 결과이다. 따라서 배상을 포함하는 적용 가능한 구제조치 범위의 확장이 필요하다.

1. 속죄
2. 공식적이고 완전한 시인
3. 기억의 보존
4. 성교육, 권한부여, 평등
5. 사법구제에 대한 접근
6. 원상회복
7. 손해배상
8. 복권

**B. 권고**

본 법정은 그 책임을 이행하기 위하여 일본정부는 다음 각각의 구체조치를 제공해야 한다고 결정한다.

1. '위안부' 제도 설립에 대한 책임과 책무가 있다는 것, 그리고 이 제도가 국제법을 위반하였다는 것에 대한 완전한 인정.
2. 완전하고 솔식한 사죄와 함께 법적 책임을 지고, 이를 반복하지 않음을 보장하는 것.
3. 희생자, 생존자, 그리고 법정에서 판결된 위반의 결과로서 회복될 자격이 있는 사람들에게 피해를 구제하고 장래의

재발을 방지하기 위해 정부를 통해서 충분한 금액의 배상을 하는 것.

4. 군 성노예제에 대한 철저한 조사를 하기 위해 기구를 설립하고 자료들에 대한 일반인의 접근과 역사적 보존을 가능하게 하는 것.

5. 생존자들과 협의하여 전쟁, 과도기, 점령기 및 식민지 기간에 범해진 성에 기초한 범죄에 대해 역사적 기록을 작성하기 위한 '진실화해위원회'의 설립을 검토하는 것.

6. 희생자들에 대한 기억과 '다시는 안 된다'고 약속하기 위한 기념관, 박물관 그리고 도서관을 설립하여 희생자와 생존자를 인정하고 기리는 것.

7. 모든 학년의 교과서에 중요 내용을 기술하는 것을 포함한 공식 및 비공식 교육시책을 후원하는 것. 그리고 학자와 작가에 대해 지원하는 것. 침해행위와 고통 받은 피해에 관해서 국민, 특히 젊은이와 장래 세대를 교육하려는 노력이 있어야 함. 범죄의 원인, 범죄를 무시하는 사회, 그리고 재발 방지를 위한 수단 등을 검토하기 위한 연구가 행해져야 함.

8. 군대와 성 불평등의 관계, 그리고 성적 평등과 모든 지역 사람들의 평등에 대한 존중을 실현하기 위한 필요조건에 대해 교육을 지원하는 것.

9. 송환을 희망하는 생존자를 송환시키는 것.

10. 위안소에 관한 정부 소유의 모든 문서와 기타 자료를 공개하는 것
11. 위안소 설치와 그로 인한 징집에 관여한 주범을 확인하여 처벌하는 것
12. 가족이나 친척이 요구할 경우 사망자의 유골을 찾아서 반환하는 것

본 법정은 과거 연합국에 대하여 다음과 같이 권고한다.

1. '위안부' 제도의 설립과 운영, 그리고 도쿄재판소에서 이것이 소추되지 않았던 이유에 관해 모든 군대 및 정부 기록을 즉시 기밀 해제할 것.
2. 도쿄재판에서 일왕 히로히토를 소추하지 않았던 것에 관해 모든 군대 및 정부 기록을 즉시 기밀 해제할 것.
3. 최초의 전후 재판에서, 그리고 그 후 56년간에 걸쳐 과거 '위안부'들에게 자행된 범죄를 조사하고 소추하지 않은 것을 인정하고 생존한 범죄자를 조사, 공개하고 적절한 경우 처벌하기 위한 조치를 취할 것.

본 법정은 UN과 모든 회원국들에게 다음과 같이 권고한다.

1. 생존자와 기타 희생자 및 그들에게 자행된 침해로 인한 피해의 회복을 받을 자격이 있는 사람들에 대해서 일본정부가

완전한 배상을 제공하는 것을 확보하기 위해 필요한 모든 조치를 다할 것.

2. '위안부'에 관한 일본정부의 위법성과 지속되는 책임에 대해 국제사법재판소의 권고적 의견을 요청할 것.

## 제8부 결론

역사적으로 반복해서 국가들은 무력분쟁의 폭력 가운데 여성에게 저질러진 성폭력 범죄를 무시해왔다. 전쟁 종결 직후 이들을 정의의 집행으로부터 배제한 것은 생존자를 침묵시키고 모욕했으며, 이들의 치유를 방해하는 용서받지 못할 역할을 했다.

우리는 여성 국제법정의 도덕적 힘과 판결이 세계 각지의 사람들과 국가들로 하여금 일본이 이러한 잔학행위에 대한 책임을 지고, 잘못을 바로잡으며, 미래 세대가 여성의 평등과 존엄에 대한 존중을 바탕으로 앞으로 나갈 수 있도록 하기를 희망한다.

국가들이 여성에 대한 범죄자를 수사, 소추, 유죄판결 및 처벌하고 적절한 시일 안에 피해자에게 완전한 배상을 해야 할 의무를 이행하지 못할 경우, 본 법정은 세계의 모든 여성과 사람들이 그 틈을 메우고 범죄자들과 세계에게 책임을 물을 것임을 본 법정은 분명히 한다. 생존자들과 그 가족들 그리고 그들을 사랑하는 사람들, 또 가해국인 일본을 포함한 많은 나라의 활동가, 연구자, 변호사 그리고 번역가 및 학자가 본 법정을 실현시키기 위해 연대하였다. 그렇게 함으로써 새롭고 강력한 정의의 장치를 형성한 것이다.

생존자에 대해 저질러졌던 이 범죄들은 2차 세계대전의 가장 알려지지 않고 구제되지 않았던 부정행위의 하나로 남아 있다. 박물관도, 무명의 '위안부'들을 위한 무덤도 없으며, 미래 세대에 대한 교육도 없다. 그리고 일본군의 침략전쟁의 특징이었던 일본군 성노예제와 당시 만연한 성폭력과 잔학행위의 피해자를 위한 심판의 날도 없었다.

따라서 이 판결을 통해 본 법정은 일본군 성노예제의 모든 여성 피해자를 명예롭게 하고자 한다. 판사단은 살아가기 위해, 그리고 찢겨진 인생을 재건하기 위해 힘써 싸워오고 공포와 수치를 넘어 세계를 향해 그들의 이야기를 하고 우리 앞에서 증언한 생존자들의 불굴의 의지와 존엄성을 높이 평가한다. 정의를 위해 싸우려고 나섰던 많은 여성들은 이름 없는 영웅으로 그 명을 달리해왔다. 역사의 기록에 남겨진 이름들은 범죄로부터 고통 받은 여성이 아닌 기껏해야 범죄를 저지른 남자들 또는 그들을 소추한 남자들에 불과했다. 하여 본 판결은 증인석에 서서 자신들의 이야기를 함으로써 적어도 사흘 동안 부정을 단두대에 올리고 진실을 왕좌에 앉힌 생존자들의 이름을 간직하고자 한다.

Judge Gabrielle Kirk McDonald, Presiding

Judge Christine Chinkin

Judge Carmen Argibay

Judge Willy Mutunga

∧ >

왼쪽 위로부터 판사 가브리엘 커크 맥도날드(재판장),
판사 카르멘 알지베이, 판사 크리스틴 친킨, 판사 윌리 뮤턴가.[20]

*

다음의 참고문헌을 요약하고 정리했다.


- 한국정신대문제대책협의회, 《2000년 일본군 성노예 전범 여성국제법정 판결문 히로히토 유죄》, 한국정신대문제대책협의회, 2007.
- WAM, 《女性国際戦犯法廷のすべて: 「慰安婦」被害と加害責任》, WAM, 2006.
- 강희영·이화용, 《여성가족 정책사 현장 재조명: 2000년 일본군성노예 전범 여성국제법정 자료분석》, 서울시여성가족재단, 2016.

# 주석

## 1984년 이산가족 찾기에 나선 태국의 피해자_노수복

1 〈泰의 「挺身隊 할머니」 TV로 故國血肉 상봉〉, 《동아일보》 1984년 3월 13일.

2 전종구, 〈나는 지옥의 조센삐였다〉, 《여성중앙》 1984년 4월호, 144쪽.

3 下崎吉三郎, 《南方での思い出》, 私家版(北海道松前郡), 1991, 161쪽.

4 毎日新聞社, 《日本の戦歴》, 毎日新聞社, 1967, 165쪽.

5 서울대 인권센터 정진성 연구팀 소장.

6 태국 공문서관National Archives of Thailand 소장. File Title List: 1.13/60.

7 Terry Manttan 태국-버마 철도 박물관Thailand-Burma Railway Centre의 관장 제공.

8 Terry Manttan 태국-버마 철도 박물관Thailand-Burma Railway Centre의 관장 제공.

9 회고록 요약. David Smiley, *Irregular Regular*, Michael Russell(Publishing) Ltd., 1994, 149~184쪽.

10 전종구, "나는 지옥의 조센삐였다," 《여성중앙》 1984년 4월호, 146쪽, 140쪽.

11 "42년 만에 고국 땅을 밟은 魯壽福 할머니," 《여원》 1984년 6월호.

12 한국방송공사KBS, 1990, 〈광복45주년 특별기획: 태평양전쟁의 원혼들 제2편 침묵의 한〉(8월 10일 밤 10시 1TV를 통해 방영) 캡처 화면.

## 인도네시아 보르네오섬 발릭파판의 위안소를 둘러싼 두 개의 기억_강도아

1 정대협 제공.

2 大本營海軍報道部 編,《大東亞戰爭 海軍作戰寫眞記錄》, 朝日新聞東京本社, 1943, 56쪽.

3 大本營海軍報道部 編,《大東亞戰爭 海軍作戰寫眞記錄》, 朝日新聞東京本社, 1943, 126쪽.

4 WAM,《「アジア解放」の美名のもとに: インドネシア 日本軍占領下での性暴力》, WAM, 2016, 표지 겹면 이미지.

5 나카소네 전 총리에 관한 내용은 다음을 참조. WAM,《「アジア解放」の美名のもとに:インドネシア 日本軍占領下での性暴力》, WAM, 2016, 19쪽.

6 WAM,《「アジア解放」の美名のもとに: インドネシア 日本軍占領下での性暴力》, 2016, 표지 겹면 이미지.

7 WAM,《「アジア解放」の美名のもとに: インドネシア 日本軍占領下での性暴力》, 2016, 표지 겹면 이미지.

8 〈남방조선출신자명부〉에 관한 설명과 명단은 다음 참조. 강정숙, 〈인도네시아 동원 여성명부에 관한 진상조사〉, 일제강점하 강제동원피해 진상규명위원회, 2009, 42~45쪽.

9 일제강점하 강제동원피해 진상규명위원회,《강제동원 기증 자료집》, 일제강점하 강제동원피해 진상규명위원회, 2006, 201쪽.

10 《부산신문》 1946년 6월 15일.

## 만주 동녕 석문자에 버려지다_이수단

1 정신대연구회·한국정신대문제대책협의회 엮음, 《중국으로 끌려간 조선인 군위안부들》, 한울, 1995.

2 한국정신대연구소 엮음, 《중국으로 끌려간 조선인 군위안부들 2》, 한울, 2003, 212~213쪽.

3 안세홍, 《안세홍의 포토 에세이: 중국에 남겨진 일본군 '위안부' 이야기 겹겹》, 서해문집, 2013, 12쪽. 안세홍 작가는 2001년 한국정신대연구소 조사팀의 중국 방문 때 동행했다. 그 뒤에도 혼자 여러 차례 피해 여성들을 방문했다.

4 従軍慰安婦110番編集委員会, 《従軍慰安婦110番—電話の向こうから歴史の声が》, 明石書店, 1992, 218~219쪽.

5 CJA0000687-52, 昭和20年刑公合第2號, 국가기록원 소장.

6 西野瑠美子, 《従軍慰安婦と十五年戦争》, 明石書店, 1993, 화보.

7 안세홍, 《안세홍의 포토 에세이: 중국에 남겨진 일본군 '위안부' 이야기 겹겹》, 서해문집, 2013, 50쪽.

8 정대협 제공.

9 사진과 내용은 다음 참조. 한국정신대연구소 엮음, 《중국으로 끌려간 조선인 군위안부들 2》, 한울, 1995, 47, 61~63, 418쪽.

10 NARA 소장. RG 165. Entry P 179D. Box 765.

11 한국정신대연구소 엮음, 《중국으로 끌려간 조선인 군위안부들 2》, 한울, 2003, 347~349쪽.

12 안세홍, 《안세홍의 포토 에세이: 중국에 남겨진 일본군 '위안부' 이야기 겹겹》, 서해문집, 2013, 57쪽.

13 쑤즈량, 천리페이 지음, 이선이 옮김, 《일본군 중국 침략 도감》, 늘품, 2017, 131쪽.

14 안세홍, 《안세홍의 포토 에세이: 중국에 남겨진 일본군 '위안부' 이야기 겹겹》, 서해문집, 2013, 35쪽.

15 한국정신대연구소, 《중국거주 일본군 '위안부' 피해자 지원 연구보고서》, 여성가족부, 2006, 126쪽.

16 안세홍, 《안세홍의 포토 에세이: 중국에 남겨진 일본군 '위안부' 이야기 겹겹》, 서해문집, 2013, 18쪽.

17 한국정신대연구소, 《중국거주 일본군 '위안부' 피해자 지원 연구보고서》, 여성가족부, 2006, 123쪽.

## 살아남아야 한다_박연이(가명)

1 吉見義明, 〈'従軍慰安婦' 送出と朝鮮総督府〉, 《季刊 戦争責任研究》 5, 日本の戦争責任センター, 1994, 34~35쪽.

2 外務部長, 〈廣東渡航者ノ統制方二関スル件〉, 1938년 11월 12일(대한민국 국가기록원 소장. 조선총독부 기록물 CJA0002358).

3 椎野八束 編, 《別冊歴史読本 第83号 未公開写真に見る日中戦争》, 新人物往来社, 1989, 194쪽.

4 波集團司令部, 〈戰時旬報(後方關係) 昭和14年 自4月11日 至4月20日〉, 1939(女性のためのアジア平和国民基金編, 《政府調査「従軍慰安婦」関係資料集成②》, 龍溪書舍, 37~41쪽, 원소장처 방위청연구소).

5 西野瑠美子, 《従軍慰安婦と十五年戦争》, 明石書店, 1993, 화보.

6 西野瑠美子, 《従軍慰安婦と十五年戦争》, 明石書店, 1993, 59쪽.

7 馬来軍政監部, 《軍政規定集(第1号~8号)自昭和18年9月1日至昭和19年2月24日(2)》, 1943~1944(아시아역사자료센터 소장 C14060640500).

8 사진과 내용은 다음을 참조. 下崎吉三郎, 《南方での思い出》, 私家版(北海道松前郡), 1991, 171~173쪽.

9 국가보훈처·독립기념관, 《국외독립운동사적지 실태조사보고서 Ⅳ-동남아

지역》, 국가보훈처·독립기념관, 2006, 83쪽.

10 《동아일보》 1946년 5월 23일.

11 《마산일보》 1952년 4월 22일.

## 얼마나 아팠는지 모른다_홍강림

1 정신대연구회·한국정신대문제대책협의회 엮음, 《중국으로 끌려간 조선인 군위안부들》, 한울, 1995, 29~30쪽.

2 정신대연구회·한국정신대문제대책협의회 엮음, 《중국으로 끌려간 조선인 군위안부들》, 한울, 1995.

3 《동아일보》 1938년 4월 24일.

4 華公平, 《従軍慰安所「海乃家」の伝言》, 日本機関誌出版センター, 1992, 81쪽.

5 麻生徹男, 《上海より上海へ: 兵站病院の産婦人科医》, 石風社, 1993, 화보.

6 WAM, 《日本軍「慰安婦問題 すべての疑問に答えます》, 合同出版社, 4쪽(원출처. 上海派遣軍司令部 編, 《日支事変上海派遣軍司令部記念写真帖》, 上海派遣軍司令部, 1938).

7 村瀬守保, 《私の従軍中国戦線: 一兵士が写した戦場の記録》, 日本機関誌出版センター, 2005, 6, 107쪽.

8 細川忠矩, 〈長沙慰安所の見学〉, 《戦場道中記》, 丸善, 1970,

9 梶川勝, 《第二国民兵役 陸軍二等兵の戦争体験: 九死に一生を得た思い出とざんげの記録》, 私家版(和歌山県和歌山市), 1991, 53~54쪽.

## '남양군도'로 끌려가다_최복애(가명)

1 '남양군도'에 대한 설명은 다음 책을 참조. 조성윤, 《남양군도: 일본제국의

태평양섬 지배와 좌절》, 동문통책방, 2015.

2 ロバート シャーロッド編, 中野五郎 訳,《記録写真 太平洋戦争史 上》, 光文社, 1952, 139쪽.

3 조성윤,《남양군도: 일본제국의 태평양섬 지배와 좌절》, 동문통책방, 2015, 185~188쪽.

4 滝口岩夫,《戦争体験の真実 イラストで描いた太平洋戦争の一兵士の記録》, 第三書管, 1999, 46쪽,

5 滝口岩夫,《戦争体験の真実 イラストで描いた太平洋戦争の一兵士の記録》, 第三書管, 1999, 44쪽, 원본의 이미지를 네거티브 효과 처리함.

6 WAM,《日本軍「慰安婦」問題 すべての疑問に答えます》, 合同出版, 2013, 27쪽.

7 WAM,《日本軍「慰安婦」問題 すべての疑問に答えます》, 合同出版, 2013, 27쪽.

8 WAM,《日本軍「慰安婦」問題 すべての疑問に答えます》, 合同出版, 2013, 27쪽.

9 한국방송공사KBS 1TV 다큐멘터리, 〈광복45주년 특별기획: 태평양전쟁의 원혼들 제2편 침묵의 한〉, 1990년 8월 10일 방영, 캡처 화면.

## 버마 미치나의 조선인 '위안부' 이야기

1 NARA 소장, RG 111 SC-262579.

2 NARA 소장, RG 111 SC-262583.

3 Won-Loy Chan, *Burma: The Untold Story*, Presido Press, 1986.

4 NARA 소장, RG 208 Entry NC 148 378 Box 445.

5 안병직 번역·해제,《일본군 위안소 관리인의 일기》, 이숲, 2013.

6 NARA 소장, RG 208 Entry NC 148 378 Box 445.

7 NARA 소장, RG 493 Entry UD-UP 196 Box 140.

8 NARA 소장, RG 493 Entry UD-UP 185 Box 80.

9 국제적십자사 오디오비주얼 아카이브, V-P-HIST-E-04245(https://avarchives.icrc.org).

10 영국 국립공문서관(TNA) 소장, WO 203/6347.

## '트럭섬' 사진이 말을 걸다_조선인 '위안부'들과 이복순

1 www.1945815.or.kr/sub01/sub01_01_02_detail.php?halmae=leeboksun.

2 Headquarters Occupation Forces Truk and Central Carolines, 1946, Roster of Japanese Personnel Evacuated From Dublon(NARA 소장 RG 313 Entry A1 296 Box 33).

3 Headquarters Occupation Forces Truk and Central Carolines, 1946, G-2, G-3 Report for Occupation Forces Truk and Central Carolines War Diary, 1946. 1(NARA 소장 RG 127 Entry A1 46B Box 95).

4 OSS Morale Operation, "Map of MO Installation both Actual and Prospective in the Far East(SEAC and CBI)"(NARA 소장 RG 226 Entry 139 Box 148).

5 조성윤, 《남양군도: 일본제국의 태평양섬 지배와 좌절》, 동문통책방, 2015, 78~80쪽.

6 제2차 세계대전 시기 축제도와 강제동원 상황에 대한 설명은 다음을 참조. 일제강점하 강제동원피해 진상규명위원회, 〈남양군도승선자명부 5: 축승선자명부〉, 《강제동원 명부 해제집 1》, 일제강점하 강제동원피해 진상규명위원회, 2010, 231~244쪽; 조성윤, 《남양군도: 일본제국의 태평양섬 지배와 좌절》, 동문통책방, 2015, 164~165쪽.

7 동북아역사재단 동북아역사넷, 일본 여성들의 전쟁과 평화 자료관WAM이 작성한 일본군 위안소 지도 중 미크로네시아 트럭섬 부분(http://contents.nahf.or.kr/item/item.do?levelId=iswm.d_0019_0010).

8 Headquarters Occupation Forces Truk and Central Carolines, 1946, "War

Diary, transmittal of, 1946. 3(NARA 소장 RG 127 Entry A1 46B Box 96).

9 Headquarters Occupation Forces Truk and Central Carolines, 1946, "G-2, G-3 Report for Occupation Forces Truk and Central Carolines War Diary", 1946. 1(NARA 소장 RG 127 Entry A1 46B Box 95).

10 NARA 소장 RG 313 Entry A1 296 Box 33.

11 기사에서 여성이 27명이라고 한 것은 오기誤記일 것이다.

12 Japanese On Truk Are Not Prisoners, *The New York Times*, 1946년 3월 2일.

13 한국방송공사KBS, 〈광복45주년 특별기획: 태평양전쟁의 원혼들 제2편 침묵의 한〉(1990년 8월 10일 밤 10시 1TV를 통해 방영) 캡처 화면.

14 동북아역사재단 동북아역사넷, 일본 여성들의 전쟁과 평화 자료관WAM이 작성한 일본군 위안소 지도 중 미크로네시아 트럭섬 부분(http://contents.nahf.or.kr/item/item.do?levelId=iswm.d_0019_0010, 원 출처는 城田すず子, 《マリヤの讃歌》, かにた出版部, 1971).

15 이인순 희움 일본군 '위안부' 역사관 관장의 메모.

16 정신대할머니와 함께하는 시민모임 제공.

17 정신대할머니와 함께하는 시민모임 제공.

18 정신대할머니와 함께하는 시민모임 제공.

## 일본정부·기업의 전시 노동 동원과 '성적 위안' 대책_기업 '위안부'

1 한국방송공사KBS 1TV 다큐멘터리, 〈광복45주년 특별기획: 태평양전쟁의 원혼들 제2편 침묵의 한〉, 1990년 8월 10일 방영, 캡처 화면.

2 高麗博物館, 《朝鮮料理店·産業「慰安所」と朝鮮の女性たち》, 高麗博物館, 2017, 3쪽의 일본 '산업위안소' 지도를 토대로 재작성.

[3] 《北海道割烹料理店組合員名簿》 1942년 4월에서 작성(西田秀子, 〈戦時下北海道における朝鮮人 '労務慰安婦' の成立と実態—強制連行と関係性において—〉, 《女性史研究》 1, 2003, 24쪽, 28쪽에서 재인용).

[4] 2006년 5월 니시노 히데코西田秀子 촬영(高麗博物館, 《朝鮮料理店·産業「慰安所」と朝鮮の女性たち》, 高麗博物館, 2017, 21쪽).

[5] 2006년 7월 박정애 촬영, 제공.

[6] 2006년 8월 박정애 촬영, 제공.

[7] 2006년 8월 박정애 촬영, 제공. 옆의 대화옥 건물 사진은 《니시니혼신문西日本新聞》 1992년 2월 21일 자에 실렸던 것이다.

[8] 영화 〈군함도〉의 홍보 포스터 중 기업 '위안부' 말년의 모습.

[9] 2007년 7월 박정애 면담청취 내용.

## 국제여성·시민연대로 가해자를 심판하다_2000년 일본군 성노예 전범 여성국제법정

[1] WAM, 《女性国際戦犯法廷のすべて:「慰安婦」被害と加害責任》, 2006, 22쪽

[2] 바우넷 재팬의 DVD(VAWW-NET Japan, 2001, 《沈黙の歴史をやぶって:女性国際戦犯法廷の記録》, ビデオ塾)에서 캡처.

[3] 최종판결문의 번역서인 '한국정신대문제대책협의회, 《2000년 일본군 성노예 전범 여성국제법정 판결문 히로히토 유죄》, 한국정신대문제대책협의회, 2007' 를 인용하되 우리 연구팀에서 원문과 대조하여 약간 수정하였다.

[4] 정대협 제공.

[5] WAM, 《女性国際戦犯法廷のすべて:「慰安婦」被害と加害責任》, 2006, 24쪽.

[6] 강희영·이화용, 《여성가족 정책사 현장 재조명: 2000년 일본군 성노예 전범 여성국제법정 자료분석》, 서울시여성가족재단, 2016, 76쪽.

[7] 정대협 제공.

[8] 정대협 제공.

[9] 정대협 제공.

[10] 강희영·이화용, 《여성가족 정책사 현장 재조명: 2000년 일본군성노예 전범 여성국제법정 자료분석》, 서울시여성가족재단, 2016, 84쪽.

[11] 강희영·이화용, 《여성가족 정책사 현장 재조명: 2000년 일본군성노예 전범 여성국제법정 자료분석》, 서울시여성가족재단, 2016, 92쪽.

[12] 정진성 제공.

[13] 강희영·이화용, 《여성가족 정책사 현장 재조명: 2000년 일본군성노예 전범 여성국제법정 자료분석》, 서울시여성가족재단, 2016, 84쪽.

[14] 강희영·이화용, 《여성가족 정책사 현장 재조명: 2000년 일본군성노예 전범 여성국제법정 자료분석》, 서울시여성가족재단, 2016, 77쪽.

[15] 박원순, 〈2000년 동경역사여성법정 참가기 – 지연된 정의를 구하여〉, 《역사비평》 54, 2001, 173쪽.

[16] 정대협 제공.

[17] 일본군 '위안부' 피해 생존자의 법정 증언의 모습을 전하기 위해 사용한 이미지들은 모두 2000년 여성법정의 현장을 기록한 바우넷 재팬의 DVD(VAWW-NET Japan, 2001, 『沈黙の歴史をやぶって:女性国際戦犯法廷の記録』, ビデオ塾)에서 캡처한 것들이다.

[18] 바우넷 재팬의 DVD(VAWW-NET Japan, 2001, 《沈黙の歴史をやぶって:女性国際戦犯法廷の記録》, ビデオ塾)에서 캡처.

[19] 바우넷 재팬의 DVD(VAWW-NET Japan, 2001, 《沈黙の歴史をやぶって:女性国際戦犯法廷の記録》, ビデオ塾)에서 캡처.

[20] WAM, 《女性国際戦犯法廷のすべて:「慰安婦」被害と加害責任》, 2006, 24쪽.

# 찾아보기

끌려가다, 버려지다, 우리 앞에 서다 2

⊙ 2018년 3월 19일 초판 1쇄 발행
⊙ 2019년 1월 4일 초판 3쇄 발행
⊙ 기획 서울시 여성가족정책실
⊙ 지은이 서울대 인권센터 정진성 연구팀
⊙ 펴낸곳 도서출판 푸른역사
우) 03044 서울시 종로구 자하문로8길 13
전화: 02) 720-8921(편집부) 02) 720-8920(영업부)
팩스: 02) 720-9887
전자우편: 2013history@naver.com
등록: 1997년 2월 14일 제13-483호



ISBN 979-11-5612-110-7 04900
979-11-5612-108-4 04900 (세트)